公园城市发展报告
（2022）
和谐共融的场景营造

2022 PARK CITY DEVELOPMENT REPORT

The Scene Construction of Harmony and Integration

主　编／潘家华　姚　凯

执行主编／廖茂林　周　灵

社会科学文献出版社
SOCIAL SCIENCES ACADEMIC PRESS (CHINA)

编 委 会

主　　任　潘家华（中国社会科学院）
　　　　　　姚　凯（成都市社会科学院）

副 主 任　阎　星（成都市社会科学院）
　　　　　　陈家泽（成都市社会科学院）

主　　编　潘家华（中国社会科学院）
　　　　　　姚　凯（成都市社会科学院）

执行主编　廖茂林（中国社会科学院）
　　　　　　周　灵（成都市社会科学院）

编　　委　季　曦（北京大学）
　　　　　　马　啸（中国社会科学院）
　　　　　　李曼琪（中国社会科学院）
　　　　　　李雨珊（中国社会科学院）
　　　　　　孙传旺（厦门大学）
　　　　　　杨智奇（苏州大学）
　　　　　　张耀丹（海南大学）
　　　　　　王国峰（山西财经大学）

廖祖君（四川省社会科学院）
林浩曦（北京建筑大学）
卢晓莉（成都市社会科学院）
唐　艳（成都市社会科学院）
雷　霞（成都市社会科学院）
张筱竹（成都市社会科学院）
边继云（河北省社会科学院）

主要编撰者简介

潘家华 经济学博士,中国社会科学院学部委员、可持续发展研究中心主任,北京工业大学生态文明研究院院长、博士生导师。中国城市经济学会会长、中国生态文明研究与促进会副会长、国家气候变化专家委员会副主任、UN可持续发展报告(GSDR2023)独立专家组成员、政府间气候变化专门委员会(IPCC)评估报告(减缓卷,2021)主笔。曾任中国社会科学院生态文明研究所所长、外交政策咨询委员会委员、UNDP高级项目官员、IPCC高级经济学家。主要研究方向为可持续城市化、能源与气候政策、生态文明新范式经济学等。发表论文350余篇(章),出版学术专著20余部,获中国社会科学院优秀科研成果奖、孙冶方经济科学奖、中华(宝钢)环境(学术)奖等重要学术奖20余项。

姚 凯 成都市社科联(社科院)党组书记、副主席(院长),曾担任成都市成华区委政研室副主任,成都市成华委政研室(体改委)主任,成都市成华区教育局党组书记、局长,成都市成华区委常委、宣传部长,成都市金牛区委常委、组织部长,成都市金牛区委常委、常务副区长,成都市教育局党组副书记、副局长,成都工业职业技术学院党委书记等职。

廖茂林 经济学博士，副研究员，中国社会科学院生态文明研究所可持续发展经济学研究室副主任，中国社会科学院大学硕士生导师，中国社会科学院生态文明研究智库国际部副主任，中国社会科学院所级国情调研基地负责人，机械工业环保产业发展中心专家委员会委员，英国皇家国际事务研究所（Chatham House）访问学者。在《管理世界》、《中国行政管理》、《中国人口·资源与环境》、《城市发展研究》、Journal of Environmental Management、Applied Ecology and Environmental Research 等 SCI/SSCI 期刊上发表学术论文 70 余篇，其中多篇成果被《人大复印报刊资料》转载，担任《系统工程理论与实践》、International Journal of Natural Resource Ecology and Management 等期刊的审稿专家。主持和参与了 40 余项国家自然科学基金面上项目、国家社科基金重大项目子课题、国家高端智库项目，以及欧盟（EU）、联合国开发计划署（UNDP）、澳大利亚社会科学院等机构多个环境政策的研究项目，参与编撰联合国开发计划署的《中国人类发展报告 2012～2013》《新中国 70 年生态文明建设》《应对气候变化报告》等学术著作，获 5 项中国社会科学院优秀对策信息类三等奖。主要研究方向为可持续发展城市建设和绿色发展，主要研究成果包括《基础设施投资是否还能促进经济增长？》等。

周 灵 经济学博士，研究员，成都市社会科学院科研处处长，中国城市经济学会公园城市专委会秘书长，四川省社科规划项目评审专家，主要研究方向为环境经济学和产业经济学。牵头完成省、市重大调研课题 10 余项，参与完成国家社会科学基金项目 2 项，主持和参与完成省部级项目 7 项，主持完成市级项目 20 余项。在各级期刊发表论文 50 余篇，出版专著 8 部。获四川省社会科学优秀成果三等奖 2 项，成都市社会科学优秀成果一等奖 4 项、二等奖 2 项、三等奖

1 项。主要研究成果包括《经济发展方式转变框架下的环境规制研究》《瑞士低碳城市发展实践与经验研究》《成都生态文明之路》等。

孙传旺 厦门大学经济学院教授，博士生导师，教育部"长江学者"青年学者（2020 年），厦门信息产业与信息化研究院副院长，厦门大学人工智能研究院智慧能源与绿色经济首席科学家，中国国际工程咨询有限公司咨询专家，国家发改委能源研究所项目评审专家，中国系统工程学会生态环境系统工程专业委员会常务委员（2020 年），中国优选法统筹法与经济数学研究会能源经济与管理研究分会理事（2016 年）。RePEc/IDEAS 全球经济学家排名大陆学者第 20 名（2021 年），Elsevier 应用经济学中国高被引学者（2021 年），环境科学领域全球前 2%顶尖科学家（2021 年），*Frontiers in Energy* 青年编委会成员（2021 年）。在《中国社会科学》《经济研究》等国内外权威期刊发表论文 90 余篇，其中 ESI 高被引论文 16 篇、热点论文 4 篇。获得教育部和福建省优秀成果奖 10 余项，承担国家自然科学基金项目 3 项。

目 录

第一篇 总论

第一章 成都市公园城市场景构建的愿景与行动……………(3)
  一 公园城市场景构建的理论内涵……………………(4)
  二 成都市公园城市场景构建的基础和独特优势…………(14)
  三 成都市营造和谐共融场景的思路与愿景 ……………(26)
  四 国外场景营造的经验借鉴………………………(30)
  五 思考与建议……………………………………(37)

第二篇 专题研究

第二章 构建公园城市宜居生态场景……………………(43)
  一 宜居生态场景内涵及其对公园城市建设的意义………(43)
  二 成都市营造公园城市宜居生态场景的实践探索………(49)
  三 成都市营造宜居生态场景的经验与启示………………(59)
  四 成都市公园城市宜居生态场景的营造策略和路径………(61)

第三章 构建公园城市美好生活场景……………………(68)
  一 以生活为导向的公园城市场景营造………………(68)

二　成都市生活场景现状及问题分析 …………………………(70)
　　三　美好生活场景体系的构建与发展路径 ………………………(88)
第四章　构建生产导向的公园城市场景 ……………………………(98)
　　一　生产场景视角下公园城市场景营造的现状、
　　　　问题和经验借鉴 ………………………………………………(100)
　　二　推动场景导向下目标清、逻辑明、路径广的生产方式
　　　　转型升级 ………………………………………………………(106)
　　三　构建新空间、数字化、服务化的智能化生产场景 ………(108)
　　四　建设强链条、促创新、育生态的集群化生产场景 ………(117)
　　五　营造共融、互动、高效的园区与企业化生产场景 ………(124)
　　六　夯实生产导向的"产业—园区—企业"场景营造模式
　　　　与策略 …………………………………………………………(127)
第五章　以公园城市场景营造引领城市治理革新 ………………(136)
　　一　以治理现代化为导向的公园城市场景营造 ………………(136)
　　二　成都市公园城市场景营造与治理现状 ……………………(143)
　　三　成都市公园城市治理的经验与成效 ………………………(161)
　　四　成都市公园城市治理的问题与挑战 ………………………(167)
　　五　成都市公园城市治理的政策建议 …………………………(169)

第三篇　典型案例

案例一　多类型公园城市示范片区
　　——青白江区的探索实践 ………………………………………(175)
案例二　公园城市更新改造样板
　　——金牛区绿色发展的探索实践 ………………………………(182)
案例三　幸福乡村样板
　　——彭州市龙门山镇的探索实践 ………………………………(189)

案例四 乡村集中居住区治理
　　——金堂县乡村治理的探索实践……………………………(195)

案例五 "两河一心"城市场景
　　——温江区场景营城的探索实践……………………………(201)

案例六 天府现代种业园
　　——邛崃市现代农业场景的探索实践…………………………(209)

参考文献……………………………………………………………(214)

后　记………………………………………………………………(218)

第一篇 总 论

第一章　成都市公园城市场景构建的愿景与行动

千百年来，中华民族从未停止对美丽宜居家园愿景的构建和向往。"采菊东篱下，悠然见南山"描画了古人对悠然自得、怡然自乐美学生活场景的向往；"九天开出一成都，万户千门入画图"更是展现了巴蜀人对景城相融、人城和谐的探索。在2022年《中共成都市委成都市人民政府关于以场景营城助推美丽宜居公园城市建设的实施意见》中，成都市委市政府明确聚焦美好生活、智能生产、宜居生态、智慧治理四个维度，构建公园城市场景体系。以场景为载体创建美好宜居的生活家园，打造人民宜业产业示范区，营造优美宜游生态环境体系，提升城市治理能力建设水平。以"和谐共融"为主题，积极构建高质量发展的营城新模式。自中国提出"碳达峰"和"碳中和"目标以来，绿色、低碳发展已成为城市发展的时代主题。在城市化进程中，传统的生产要素已不能满足城市高质量发展的动力源需要。场景理论在推动城市发展方面的作用越来越重要，场景理论的中国化实践恰逢其时。中国对于西方场景理论的应用并非生搬硬套，而是在原有理论基础上，结合新时代生态文明建设的特色，把生态价值因素考虑进去，突出人与自然和谐共生，将公园城市场景作为公园城市建设的"细胞"与"基底"，探索城市发展的新范式。

成都作为西部地区超大城市，生态本底良好、发展活力强劲，素有"天府之国"的美称。2018年，习近平总书记在考察四川天府新区时首提"公园城市",强调"要突出公园城市特点,把生态价值考虑进去,努力打造新的增长极,建设内陆经济开放高地"。2020年,中央明确支持成都建设践行新发展理念的公园城市示范区。2022年3月,《成都建设践行新发展理念的公园城市示范区总体方案》获得批复,方案明确了示范区生态、生活、生产和治理的主要任务。在4年多的时间里,成都从公园城市的"首提地"到"示范区",以新发展理念为"魂",以公园城市为"形",不断夯实公园城市示范区建设。课题组围绕公园城市建设的关键议题,先后出版了《公园城市发展报告(2020)——发展新范式》和《公园城市发展报告(2021)——迈向碳中和的城市解决方案》。这两本报告分别围绕公园城市的理论内涵,阐释了城市发展新范式,并深入探讨了成都迈向"碳中和"的理论框架和实践路径。《公园城市发展报告(2022)——和谐共融的场景营造》将聚焦宜居生态、美好生活、智能生产、智慧治理四大城市场景体系,引导人们将目光更多地聚焦在城市场景的构建上,强调基础功能性设施的建设,以满足城市高质量发展的生态、生活、生产需求,构建人与自然和谐共生的公园城市愿景。

一 公园城市场景构建的理论内涵

(一) 公园城市场景内涵与外延

公园城市是成都掀起的一场城市变革,旨在在制度创新、功能提质、平台赋能、人才集聚、场景营造等关键领域打造城市核心竞争力。"践行新发展理念的公园城市"是在"生态文明"和"以人民为中心"的发展理念引领下,"人、城、境、业"和谐统一的城市发展新范式和全面体现新发展理念的城市发展高级形态,是对工业文明语境下城市发展的反思和超越,对传统城市发展理论思想的深化和完善,以及对国内外先进典型城市发展经验的凝练和提升。成都作为

"公园城市"首提地,具有良好的基础条件,同时,"践行新发展理念的公园城市示范区"是在成渝地区双城经济圈建设背景下,国家赋予成都的独特的定位。其中,场景营造与创新为新经济发展蓄势聚能,其关注点正经历从"个体"到"群体"再向"城市整体"转变,以"成都人"为中心逐步扩散,场景正在渗透到城市经济社会发展的全方位各领域;通过一个个场景的叠加与串联,把公园城市的宜居舒适性品质不断转化为市民可感可及的美好生活体验,不断增加市民的获得感和幸福感,进而转化为城市发展的持久优势和竞争力。"场景营城"是城市发展建设一直遵循的基本原则之一。在城市建设理论和实践的发展过程中,城市有什么样的经济、政治、文化、社会特点,就会自主发育或人为培育出适应其需要的各类城市场景。从中国古代的国家都城到地方府县、商贸城镇、军事边镇的营建,从古代的雅典、罗马城市建设到近代的巴黎城市更新,再到现当代城市发展中的精明增长、新城市主义、景观都市主义、人性场所理论,都体现了"场景营城"的理念内涵。

公园城市的场景构建内构了"生态-生活-生产"等多向维度。公园城市不应该是"公园"和"城市"的简单叠加,而应是"公""园""城""市"四个字的含义总和。"公"代表了公共性,对应公共交往的功能,是指设施要开放给大众,让百姓受益;"园"泛指各种游憩境域,对应生态系统;"城"对应人居与生活;"市"对应的则是产业经济活动。概括来说,就是公共底板下的生态、生活和生产。在城市发展中,如何将"三生"要素融合,是全球城市面临的难题。"公园城市"强调绿色空间作为基础性、前置性配置要素与城市建设空间在功能和用地等方面混合布局,即"公园化城";也强调以绿色空间为载体,统筹生态、功能、景观、业态、活动组织等多维要素共同营造城市氛围,提升城市的活力、吸引力和开放度,即"场景营城"。

"公园城市"是新时代城乡人居环境建设和理想城市建构模式的理念创新。"公园化城、场景营城"体现了从"增绿建园"为主体的物质空间建设（见图1），转向了多维构建、关注运营、内涵增长、引领转型的新发展模式，对于创新和完善公园城市发展建设的策略体系具有重要的意义，也是公园城市发展的必然方向。公园城市理念下的场景营城，并非简单增加绿化率、提升美景度，而是要将公园化的绿色空间作为城市发展建设的基础性、前置性的配置要素，并统筹生态、功能、景观、业态、活动组织等多维要素，营建多种类型的公园化城市意象，打造高品质城市环境，充分发挥绿色空间提升城市环境品质和激发城市活力氛围的功能，引领促进城市转型发展。

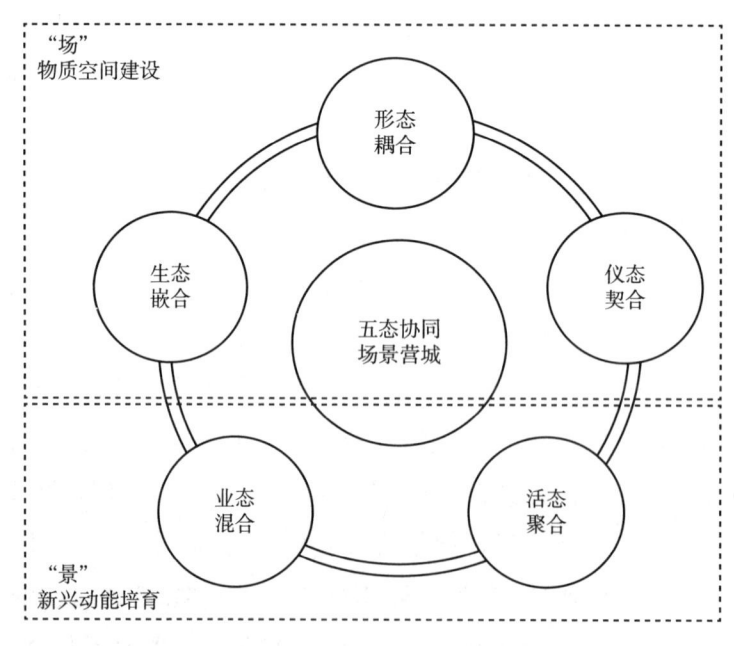

图1 公园城市"五态协同"场景营城

（二）公园城市场景构建方阵

根据场景的定义描述，作为一个微小的细胞空间，场景是公园城市的基本组成单元。场景是城市的细胞空间，是公园城市的微观构造。

按照目标导向性原则，将各场景根据主体功能属性的不同进行划分，即生态场景、生活场景、生产场景以及治理场景，同时各场景又要满足多功能融合的需求。在此基础上，第一层级以公园城市场景汇集城市功能系统，第二层级以系统集成共创公园城市有机体，递进式统揽两个层级，推动构建"以点连线、以线筑面"的多层次营城模式。营造生态场景，构建宜游生态系统。以"双碳"目标要求为导向，坚持高质量可持续发展路径，着力营造生态修复场景、污染防治场景、环境优美场景、低碳生活场景和资源可循环场景，加快构建环境、城市、消费、产业分别与生态理念融合的四大体系，综合构建全方位生态系统网络，真正做到景在城中、城在园中。营造生活场景，构建宜居生活系统。围绕食品、住房、交通、科技等基本生活场景展开，打造美好宜居生活系统。统筹城镇、乡村、产业三类生活社区，以高质量基础设施为根本，提供高标准生活服务，塑造高品质人文生态。通过合理的顶层设计、统筹规划、协调创新，践行人民城市人民建、人民城市为人民的理念，共同汇聚成宜居生活系统，提高人民的幸福生活指数。营造生产场景，构建宜业生产系统。以科技创新为生产动力，以低碳循环为生产方式，强化产业链条，促进产业园区环境优化。营造治理场景，构建高效治理系统。城市有效治理不仅仅是运用智能化、科技化的技术手段，更重要的是推进治理体系与治理能力现代化发展，做到多层次参与，强调法治化管理，使治理体系深度融合到其他场景系统建设中去，从而优化资源配置，高效推进城市规划建设。最终，遵循"生态优先、生活导向、商业逻辑"的营城理念，综合汇聚宜游生态系统、宜居生活系统、宜业生产系统和高效治理系统，成为支撑公园城市建设运行的组织架构，推动传统城市空间向功能多样化、层次清晰化、文化多元化、价值增值化的开放包容格局转变，塑造功能布局均衡、产业特色鲜明、空间尺度宜人、"人城境业"和谐的公园城市形态。

回归"场景"一词最原始的含义可以发现，"场"可表示场地，

"景"可理解为景观,表示依托于一定的场地空间,搭建呈现令人愉悦的视觉或听觉体验平台。在西方社会,场景最早应用于剧院、音乐厅、酒吧等展示美学理念与构思的娱乐空间,强调通过搭建相关配套设施,烘托艺术氛围。随着社会的变迁,人们将"场景"的概念进行了拓展,它不再只局限于特定的具有艺术概念的场所中,场景理论开始走向其他领域。随着场景理论的深入研究及其在中国的广泛运用,其应用面进一步扩展到更为宏观的城市发展与治理层面。首先,结合中国传统文化历史来看,我国的"场景"更倾向于对园林山水等自然美景的描绘,古代的中国规划师们无一不致力于如何在生活和工作环境中巧妙布局,运用风水学理论塑造天地人合一的整体化结构空间。例如,苏州园林的"一步一景"、江南水乡的月牙式拱桥等,凸显了中国人在景观的艺术性与观赏性上的追求,但这在一定程度上削弱了城市的便利化程度。随后,城市的工业化发展带来了"高效、便捷"的现代化思维模式,与纷繁复杂的景观设计存在一定的冲突。大量的"格式化"钢筋水泥产物分割着城市空间,各种功能性设施拔地而起,挤占了自然景观的"生存空间"。然而,以环境资源为代价的经济发展模式终将得到遏制。在贯彻落实"新发展理念"的实践中我们再一次看到了"场景"的重要性,除了美学价值,更多的还有其中蕴含的生态价值和人文背景。正如金元浦教授与劳伦斯教授对话时所提到的,城市场景的文化风格和美学特征对城市发展的作用,特别是对中国城市发展的文化、文脉、城市美学形态和城市艺术的展示具有重要意义。[①] 国内对"场景"的理论研究,最初聚焦在城市改造中功能的升级和完善。成都将"场景理论"落地生根,以公园城市场景营造统揽城市布局,极大地丰富了场景理论的内涵和应用途径。场景理论可

[①] 温雯、戴俊骋:《场景理论的范式转型及其中国实践》,《山东大学学报》(哲学社会科学版)2021年第1期。

以更好地助力城市各类空间的营造与发展，不仅仅是文化空间，更有住房、医疗、教育等功能的生活空间，有以生产为导向的产城融合空间，尤其强调以公园城市建设为目标的城市生态空间。目前，我国已经把场景营造作为城市甚至乡村规划的必要手段和举措，场景理论将在未来实践中得到更深入更广阔的落实。深入研究《中共成都市委成都市人民政府关于以场景营城助推美丽宜居公园城市建设的实施意见》的思路后我们可以得知，场景是兼具文化背景与生态价值的城市功能空间载体，是以构建物质环境为基础，有效汇聚城市资源要素，使之协同发展、共创价值，从而满足人们文化认同、美学价值、美好生活需求的系统集成。同时，各场景独立而又联合地承担着整个城市的运转。因此，场景是在满足人需求的基础上，赋予城市各个空间载体以不同的功能，达到激发城市活力的目的。

（三）城市规划理论的变迁

1. 自然主义区域规划

英国工业革命以后，整个社会结构与生产关系发生了重大的改变。大机器工业的出现使社会生产力迅速提升，资金流速加快，城市人员密度趋于饱和。城市的快速化扩张导致其出现结构混乱、交通拥挤、环境污染等一系列问题。基于当下城市扩张需求与现实矛盾的反思，欧洲城市规划领域的众多专家学者进行了深入的研究与思考。

区域规划领域的重要创始人之一帕特里克·盖迪斯为解决城市化问题带来的负面影响，正式提出了区域规划理论。首先，他强调在分析规划城市建设当中，要善于发现事物原本的面貌，结合地方特色，突出其独特性。其次，他针对城乡结合的区域规划提出了"调查—分析—规划"的规划程序路径，认为只有在掌握真实有效的数据资料的基础上才可以进一步分析，从而选择合适的规划方案。最后，盖迪斯把"自然区域作为规划的基本架构"，注意研究某个地区的生态潜力和环境对于布局规划和经济发展的承载力，以考虑生态保护因素的

"新技术时代"逐步取代从前以牺牲环境为代价的"旧技术时代"。

然而，区域规划理论本质上是为了缓解日益严重的城市化问题，将过分拥挤的城市资源要素分散化解到一个更大的空间内，被动式的区域协同发展并未真正解决中心城市内部的发展困境。因此，随着欧美城市的郊区化发展，城市中心的建设逐渐放缓脚步，建筑老旧、交通拥挤等问题严重制约着老城区的发展。为恢复城市中心区域的经济活力、营造良好的生活氛围，在19世纪末20世纪初，欧美兴起了一场针对城市景观改造的"城市美化运动"，例如建造城市绿地、中心公园等。但这种浮于表面式的改造并不能挽救城市的衰败，仅仅考虑美学规划具有一定的局限性、片面性，没有从整体系统化把握城市的改造，未能满足人们的根本需求。因此，"城市美化运动"很快便被淘汰，退出了历史舞台。

尽管具有一定的时代局限性，自然主义区域规划理论对于现代城市规划依然具有很大的启发和贡献。我们对区域规划的中心思想进行提炼，其主要的意思即根据相邻不同地区的资源要素禀赋进行协调、规划和融合，从而使要素合理化配置，达到利益最大化的目的。中心点可以是城市，也可以是城市中的某个或多个承载城市重要功能的空间，向周围发动辐射带动作用，形成区域整体协同发展的网络架构，如我国的粤港澳大湾区建设、京津冀协同发展、成渝地区双城经济圈建设等。

2. 理性主义规划

古希腊文明的人本特性，反映了高度的理性主义。相较于其他古老文明或后来的基督教文明，古希腊文明更强调人可以用理性思维去认知把握客观规律，而不是寄希望于变幻莫测的天神。因此，理性主义凸显了人的地位和重要性，将这种思维运用到城市规划建设中，就是从人本化角度思考问题。如何解决城市规划发展难题，关键还在于人的需求是否被满足。

1929年，美国规划师克拉伦斯·佩里借用社会学中的"社区"这一概念提出了"邻里单位"的城市规划理论。为满足人的日常生活需求，佩里认为应该将学校、商店、娱乐设施等公共设施囊括在人们的生活区范围内，因此，"邻里单位"的规划核心就是以某公共设施为中心原点，按照合理的服务辐射半径来划定居住区域，整个区域就是一个相对独立的生活单位。同时，佩里为满足居民的街道安全需求，提出要设计规划内部道路系统，阻止汽车交通进入居民区，将人和汽车隔绝开避免冲突发生。但是，"邻里单位"也从形式上对居民的生活进行了限制，一个单位内的居民可能只能享受到本单位的资源，相邻单位之间缺乏交流沟通，无法形成资源共享的开放性、交融性城市格局。

可以看到，理性主义规划下的城市虽然从满足于人的利益角度出发，但其规划方式无论是"邻里单位"还是"功能分区"，总是采用割裂化模式思维。1977年制定的《马丘比丘宪章》弥补了《雅典宪章》的缺陷，不仅结合自然生态理念，对自然生态价值予以肯定[1]，还批判了将城市分割再机械化拼接的理性主义方式，力求建设环境友好、和谐发展的一体化区域。

"多样性是大城市的天性"，美国学者简·雅各布斯提出，城市是各种因素交织在一起的复杂集合体，理性思维规划完全违背了这种客观性。她反对将城市综合体大规模拆建改造、统一更新，认为老旧的传统街区亦有存在的合理性。她的观点引发了社会关于公平与人性的价值观思考。其实，这样的问题在当下社会亦有争论。是整齐划一的现代化城市新区更好，还是丰富混乱但设施便利的老城区更具优势？不论两者谁胜出，雅各布斯的理论观点都为现代城市规划理论提供了很大的启发和借鉴意义。

3. 场景理论规划

20世纪80年代初，西欧国家在遭遇经济危机后，发展陷入停滞期。主张扩大政府干预力度的凯恩斯主义已不再适应当时经济社会的

---

[1] 陈占祥：《雅典宪章与马丘比丘宪章述评》，《国际城市规划》2009年第1期。

发展，欧洲国家开始实行"经济自由主义"，强调发挥市场的调节机制。由此，大批国有企业私有化转型，中小企业也迎来发展的高潮。伴随信息技术的快速发展，经济全球化趋势逐渐增强，人员和资本的流动也更加灵活多变。在这样的背景下，城市规划的目光逐渐转向如何提升城市的吸引力，从而汇聚更多的资源要素。

构成场景的7个要素是多样的，是融合的，具体包括：①邻里；②物质结构，如艺廊、培训学校、书店、超市、商场等；③多样性的人群，如不同种族、性别、教育程度、职业、年龄的构成；④活动，如音乐会、社区文化艺术节；⑤蕴含在以上四个要素中的符号意义和文化价值；⑥公共性，即这一场景对所有人开放；⑦政治和政策，既包括政策如何塑造、维持、改造或生产出一个场景，也包括场景如何影响城市的政治氛围①。归根结底，新芝加哥学派的场景理论摆脱了独立单一的思考模式，运用系统性、关联性的理念，横向考虑各要素之间的相互融合，从而满足人们更高层次的精神文化需求。场景理论赋予有形的场所以无形的概念，对不同的人群起到聚集作用，成为推动城市发展的强大动力。

综合以上的城市规划理论分析，可以发现，各种城市规划理论的提出都是为了适应当下社会的经济发展形势，从不同的角度入手解决发展过程中遇到的城市化问题。因此，不论是自然主义区域规划理论、理性主义规划理论还是最初的场景理论思想都有相应的历史局限性。有的强调了区域协调发展但忽略了满足人的多样性需求，有的主张人本主义思想但主要还是集中在满足马斯洛需求框架的低层次水平，直到新芝加哥学派关于城市场景理论的提出，才弥补了前面理论的缺陷，并加入了文化价值元素。但是，从本质上来说这三者都未特

---

① 温雯、戴俊骋：《场景理论的范式转型及其中国实践》，《山东大学学报》（哲学社会科学版）2021年第1期。

别强调生态价值的重要性，或许有提到过，但并非作为理论的中心思想来阐述。随着社会发展，人们已经逐渐意识到经济社会发展不能再以消耗破坏资源环境为代价，而要对生态价值予以认同。

"做好城市工作，首先要认识、尊重、顺应城市发展规律，端正城市发展指导思想。"习近平总书记强调要科学规划城市空间布局，统筹好规划、建设、管理三大环节，协调生产、生活、生态建设，深化可持续发展理念。习近平总书记指出，"推进城镇化，要更加注重以人为核心"，坚持以人民为中心的发展思想，人民城市为人民，提高居民生活满意度和生活品质。习近平总书记在中央财经领导小组第十一次会议上就曾强调，"要增强城市宜居性，引导调控城市规模，优化城市空间布局，加强市政基础设施建设，保护历史文化遗产"。城市规模要同环境承载能力相适应，在城市适度扩张的基础上，突出绿色生态、人文底蕴的重要性。

随着现代科技的飞速发展，智能化手段也逐渐运用到城市建设中。2018年，习近平总书记在上海考察时强调，"城市治理是国家治理体系和治理能力现代化的重要内容。一流城市要有一流治理，要注重在科学化、精细化、智能化上下功夫"。2020年，习近平总书记在浙江考察时更是阐明了要抓好城市治理体系和治理能力现代化，"运用大数据、云计算、区块链、人工智能等前沿技术推动城市管理手段、管理模式、管理理念创新，从数字化到智能化再到智慧化，让城市更聪明一些、更智慧一些"。智慧治理已成为现代城市提升城市治理能力和水平的重要抓手。

作为"公园城市"首提地的成都，其城市发展理念彰显了新时期我国城市发展的重大转变。"创新作为第一动力、协调作为内生特点、绿色作为普遍形态、开放作为必由之路、共享作为根本目的"，成都正逐步完善公园城市理论体系、规划技术、指标评价、政策法规体系和生态价值转化体系，统筹空间与功能、城市与自然、生产与生活、发展与安全、秩序与活力，着力塑造公园城市优美形态、增进公园城市民生福祉、激发公园城市经济活力、增强公园城市治理效能，在推动探索山水人城和谐相融、超大特大城市转型发展走出新路子的城市发展道路上深入实践。

二　成都市公园城市场景构建的基础和独特优势

成都市第十四次党代会报告提出，全面建设践行新发展理念的公园城市示范区，肩负着探索城市现代化建设国家试点示范的时代使命，是成都服务战略全局的独特定位和实现跨越发展的历史机遇。随着成都公园城市示范区建设的推进，城园相融的空间布局正在加快构建，曾经稀缺的自然资源变得触手可及，优良的生态环境成为最普惠的民生福祉，山水人城和谐相融的美好生活场景在成都不断延伸扩展。公园城市推动城市建设模式转变，一是从"城市中建公园"到"公园中建城市"，让城市建设符合公园化的环境要求，将公园形态和城市空间有机融合，实现"无公园不城市，先公园后城市"。二是从工业逻辑回归人本逻辑、从生产导向转向生活导向，在高质量发展中创造高品质生活。三是从"空间建造"到"场景营造"，围绕人的需求，从使用者角度积极建设多样场所、策划多种活动，通过设施嵌入、功能融入、场景带入，全面营建城市场景。

(一) 基础条件

成都市在建设公园城市示范区的推动下，秉持场景营城理念，在生态场景、生活场景和生产场景构建中取得了初步成效。

1."推窗见绿、出门入园"的生态场景加速呈现

成都坚定贯彻绿色发展理念，城市生态空间、生态价值和永续发展优势迅速集聚。构建全域公园体系，公园城市大美形态加速呈现，在副省级城市中率先创建国家生态文明建设示范市。2021年，成都市森林覆盖率达40%，人均公园绿地面积达15平方米。龙泉山城市森林公园增绿增景1.6万亩，修复大熊猫栖息地5.1万亩。2021年10月，大熊猫国家公园成都片区设立。1495平方公里的面积，垂直海拔高差超4500米的地形，使其成为全球34个生物多样性热点地区之一，除了以大熊猫为代表的珍稀野生动物种群，这里还分布着约占大熊猫国家公园85%的陆生野生动物种类与90%的种子植物种类。截至2021年3月31日，成都记录有鸟类511种，在全国有鸟种记录的主要城市中位列前茅。而这个数字，较五年前增加了45种。

环境质量改善，加速呈现宜居生态场景。2021年，成都市空气优良天数率81.9%，实现299个优良天，达到2013年以来最好水平，锦江流域监测断面达标率100%，建成首批天府蓝网示范项目96.7公里。轨道交通运营总里程达558公里，跃居全国第4位，启动建设14个TOD示范项目。累计建成各级绿道5188公里，宜居品质和城市价值得到大幅提升。

秉承场景营城理念，依托生态空间建设，形成环城生态区场景营造的生态价值转化实践样本（见图2）。环城生态公园从生态空间的约束力和城市空间的吸引力两方面构建生态价值转化路径，通过生态空间与腹地城市空间以公园为单元进行片区开发，以城绿相融的空间发展模式实现多样化生态产品供给；通过商业化逻辑，利用市场的力量实现后期运营的可持续化。

2. "烟火成都、幸福之城"的生活场景深入人心

成都坚定贯彻共享发展理念，城市高品质宜居生活特质加快显现。入选全国首批一刻钟便民生活圈建设试点城市，全面实施幸福美好生活十大工程，新晋三甲医疗机构15家，总量居全国第2位，一般公共预算民生支出占比达67.1%（见图3）。"十三五"期间，新增基本公共服务设施3691处，新建改扩建中小学、幼儿园809所，新增学位52.5万个；累计实现城镇新增就业134.9万人，基本养老保

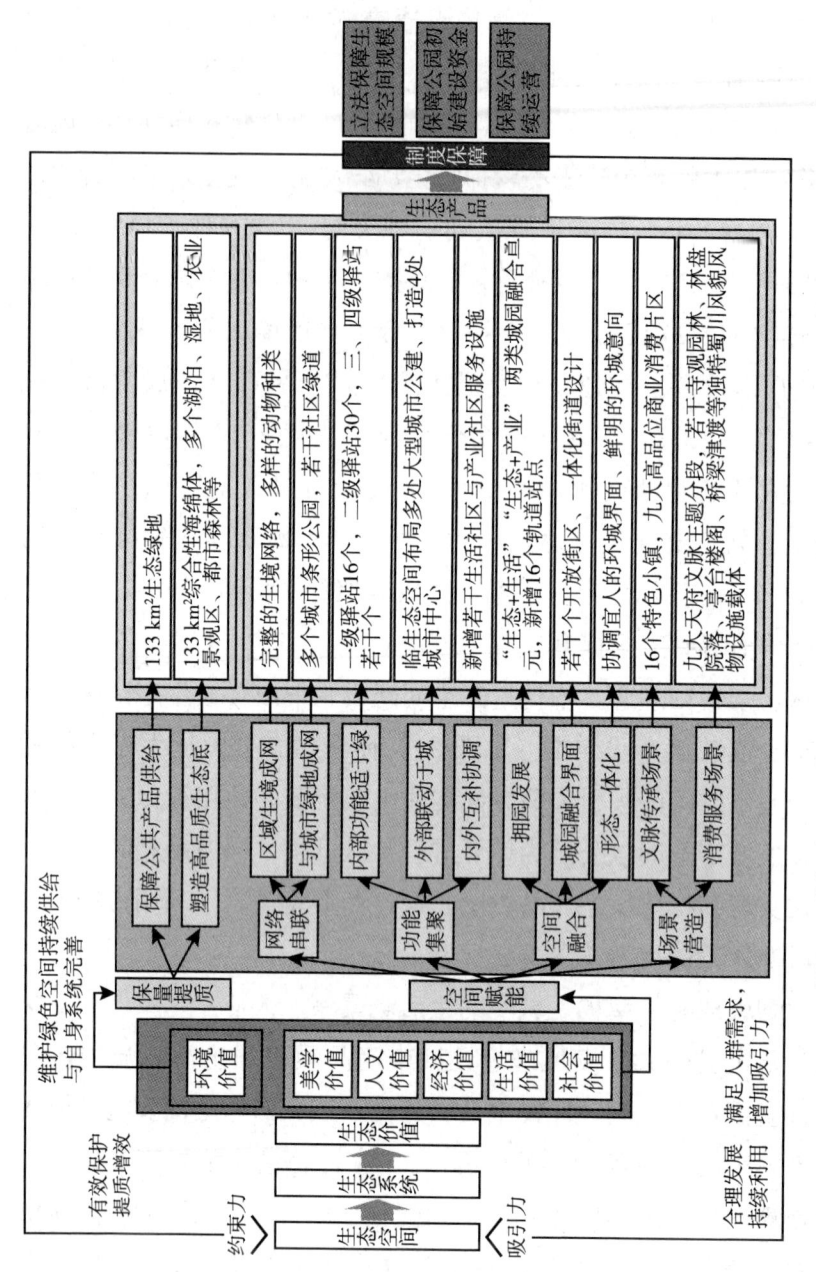

图 2 成都市环城生态区场景营造助推生态价值实现路径

资料来源:钟婷、张垒、阮晨:《成都环城生态区生态价值转化路径研究》,《规划师》2020 年第 19 期。

险、基本医疗保险参保率分别达90％、98％以上。"三城三都"品牌价值凸显，东安湖体育公园、城市音乐厅、露天音乐公园、大府艺术公园相继建成，连续13年获评"中国最具幸福感城市"第1名，公共服务质量满意度排全国第1位，成为唯一四度蝉联"长安杯"的省会城市和副省级城市。

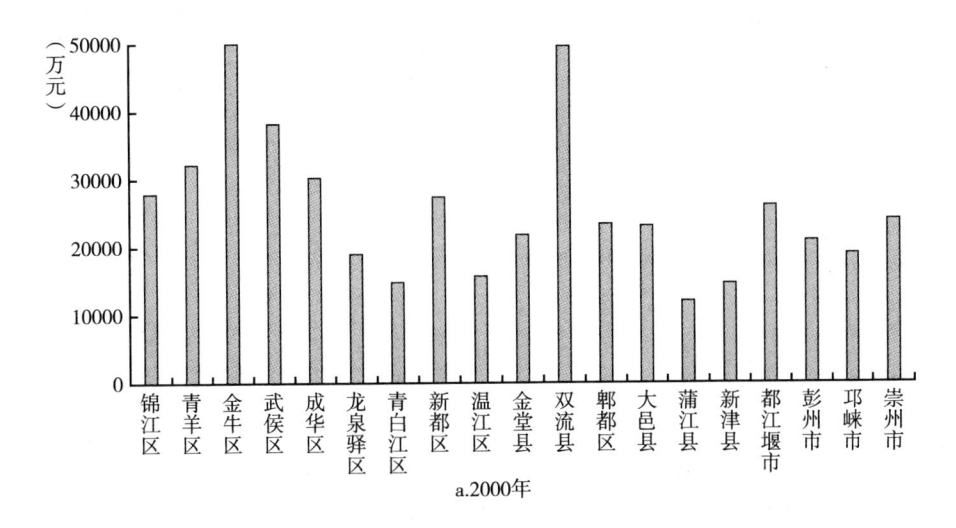

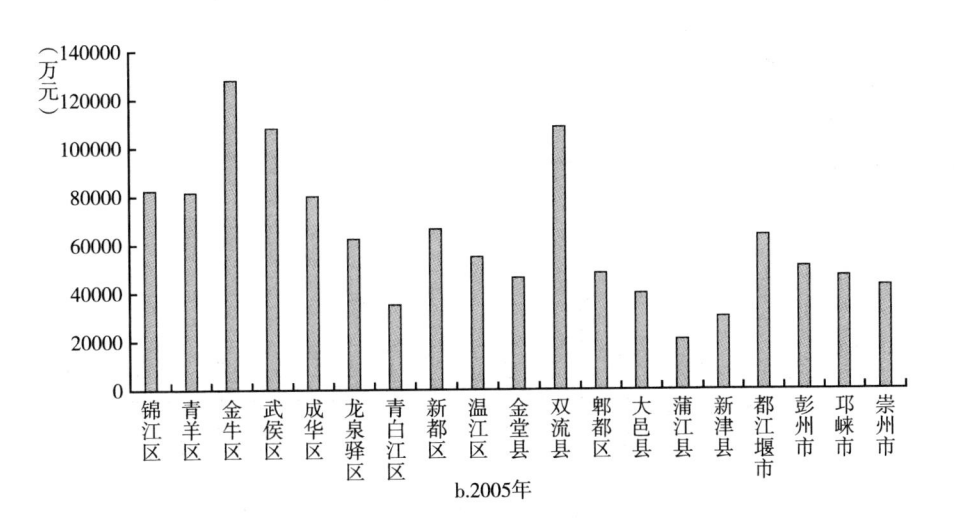

a.2000年

b.2005年

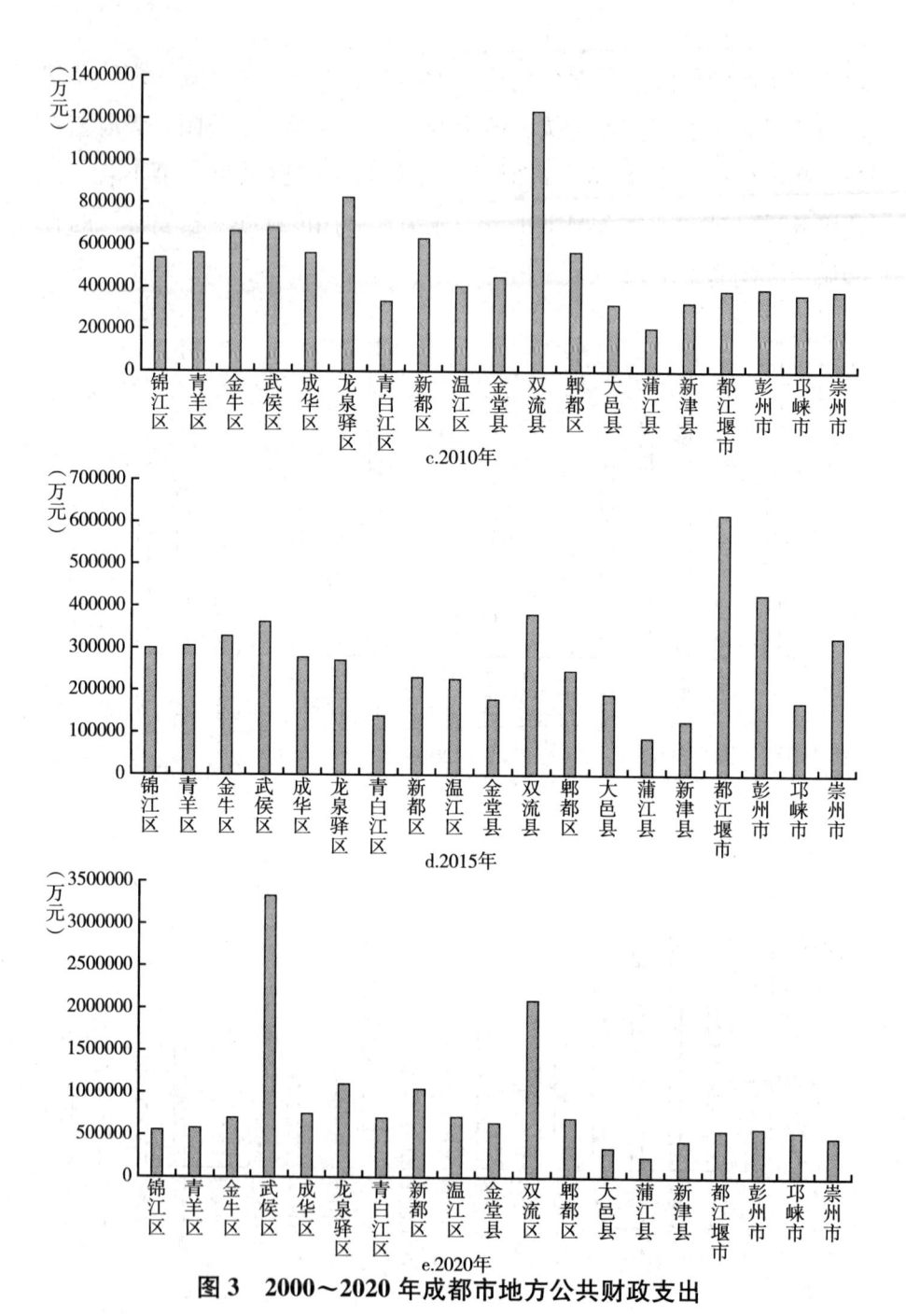

图 3 2000~2020年成都市地方公共财政支出

资料来源：EPS database。

成都市各类设施的配套情况较为完善，城市化水平高，空间依赖特征明显。成都市各类公共服务设施之间在空间分布上都具有较强的相关性（见图4）。各类公共服务设施的空间分布受到其同类或其他要素分布的影响，设施点越密集、相互融合程度越高，空间相关性就越强。与其他各类服务设施相比，相关性最低的为住宅小区和交通设施，说明成都市住宅小区周围的交通还有进一步完善的空间。成都市公共设施便利度指数受地理位置的影响很大，且不同区县之间存在较大差距（见图5）。成都市各类公共服务设施"15分钟公共设施服务圈"覆盖率如图6所示，各项之间具有较大的差异性。成都市中餐厅的平均覆盖率最高，为97%，各区县之间均达到90%以上，彼此之间差异最小；其次是便利店，全市平均覆盖率为96.5%。覆盖率最低的地铁站为55%，原因在于成都市外围区县崇州市、大邑县、都江堰市和蒲江县等都未开通地铁线路。

3. "绿色低碳、高质量发展"的生产场景增势成效

成都坚定贯彻创新发展理念，城市高质量发展的增长极和动力源

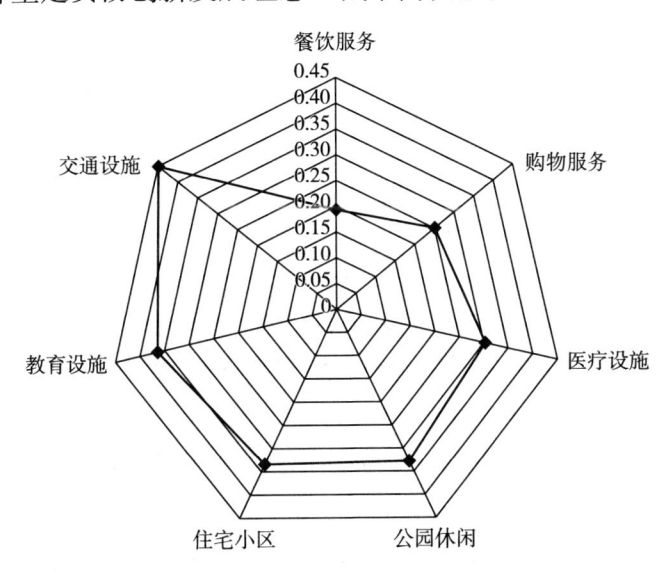

图4 成都市各类公共服务设施平均最近邻分析

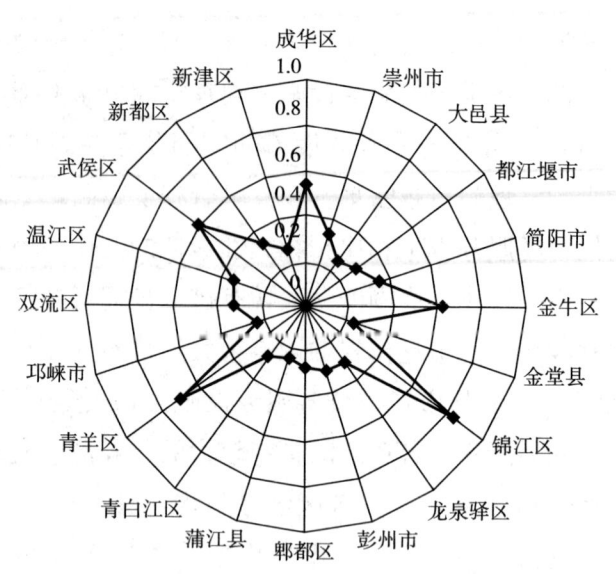

图 5　成都市"15 分钟公共设施服务圈"便利度

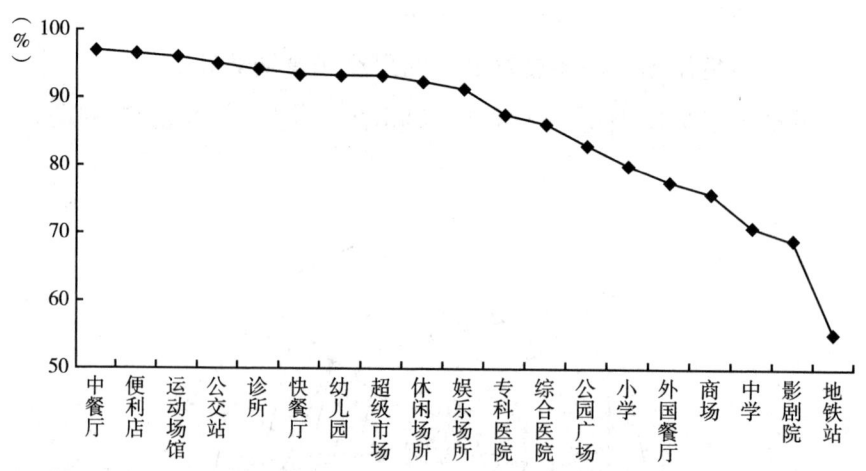

图 6　成都市各类公共服务设施"15 分钟公共设施服务圈"覆盖率

提档升级。"十三五"期间，成都锚定新时代"三步走"战略目标和"四个城市"战略定位，推动城市能级全方位提升、发展方式全方位变革、治理体系全方位重塑、生活品质全方位提高，实现从区域中心城市迈向国家中心城市的历史性跃升。2021年，实现地区生产总值

1.99万亿元（见图7），增长8.6%，在全国城市排第7位。其中，第一产业增加值582.8亿元，增长4.8%；第二产业增加值6114.3亿元，增长8.2%；第三产业增加值13219.9亿元，增长9.0%。三次产业对经济增长的贡献率分别为2.0%、28.6%和69.4%。三次产业结构为2.9∶30.7∶66.4。电子信息产业万亿级产业集群加快发展，已获批国家新一代人工智能创新发展试验区，国家级创新平台增至215个，高新技术企业总量达7800家。"人才新政"累计吸引超过57万余名青年人才落户，市场主体突破330万户，居副省级城市第2位。

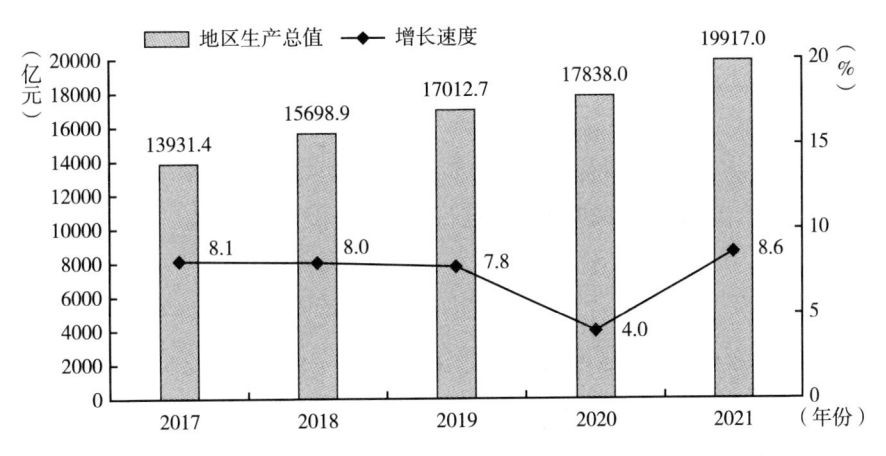

图7　2017~2021年成都市地区生产总值及其增长速度

资料来源：2021年成都市国民经济和社会发展统计公报。

成都坚定贯彻协调发展理念，城市空间结构和经济地理全面重塑。跨越龙泉山向东发展，城市空间格局实现从"两山夹一城"到"一山连两翼"的千年之变。2020年，地区生产总值超千亿元的区（市）县从2个增至8个（见图8）。以产业生态圈创新生态链为引领构建现代化开放型产业体系。成德眉资同城化加速成势，"三区三带"产业协作带加快建设，高铁半小时通勤圈基本建成。成渝地区双城经济圈建设上升为国家战略，成渝战略协同、通道共建、创新驱动、产业共兴、开放共进不断强化。

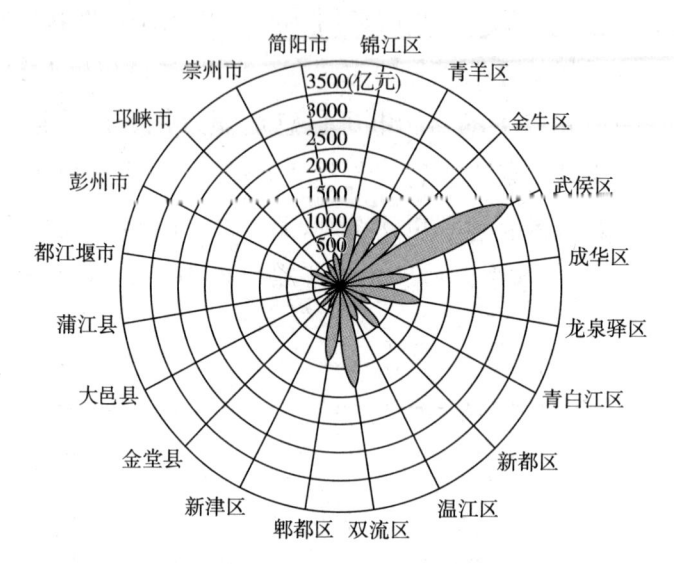

图8　2020年成都区（市）县地区生产总值

资料来源：EPS database。

成都坚定贯彻开放发展理念，城市国际影响力和区域带动力显著提升。2021年实现货物进出口总额8222亿元，同比增长14.8%，对共建"一带一路"国家实现进出口总额2599.6亿元，增长16.8%，成都高新综合保税区进出口总额居全国同类保税区第1位。天府国际机场正式通航投运，双流国际机场年旅客吞吐量居全国第2位，国际（地区）航线增至131条，成都始发的中欧班列连接境外68个城市。深入推进中日（成都）城市建设和现代服务业开放合作示范项目建设，驻蓉领事机构增至21家，居中西部第1位。在蓉世界500强企业达312家，全球金融中心指数排名上升8位，居第35位。

4."集智赋能、法治保障"的多元治理场景初步形成

2022年1月，《中共成都市委成都市人民政府关于以场景营城助推美丽宜居公园城市建设的实施意见》中发布了美好生活、智能生产、宜居生态、智慧治理四大类86个场景。2022年6月15日，由成都新经济发展研究院发布的《场景营城成都创新实践案例集》和《场景营城创新地图》，优选78个案例，直观展示了2020~2021年度立项支持的127个场景案例的落地应用地址，成都各区（市）县的场景营造分布态势一目了然。公园城市治理场景初步形成了智治、法治、多元共治的实施和逐步革新城市治理系统的图景。

成都公园城市以智慧治理为基底，构建以城市大脑为中枢（"一网统管"），以公园生境与城市社会交互感知的神经网络为沟通机制的现代治理体系（城市智能感知场景），实时监测公园城市运行体征。从生态和社会双向治理的角度，一方面，成都公园城市逐步具备全息感知公园生境的容量、状态、风险动态变化的能力（"数智环境"场景），使生态与社会交互制衡，人人得以时时事事参与公园生境保护、监督和营造，体现生态善治；另一方面，深入城市社会细胞肌理的智慧化治理网络，弥合城乡之间、部门之间和不同社会领域之间的信息级差，贯通市、区、街道、社区、小区等多层次场景，为多元主体参与城市社会治理提供便捷可及的渠道，实现社会善治（一网通办、一体联动、一键回应）。在公园城市精细化治理过程中，成都注重优化修订与公园城市相关的法律法规，使之与公园城市建设和治理的新要求适应匹配，以生态良法为目标更新升级现有法律体系；与此同时，基于公园城市新场景制订和试行管理条例，针对示范性的场景发布技术法规管理导则，并分级分类细化形成专业技术标准，再回归到多元同类场景中反复检验，最终形成制度化、标准化、法规化的良法善治体系（见图9）。

（二）独特优势

场景营城成效明显。建立"城市机会清单"发布机制，发布八批

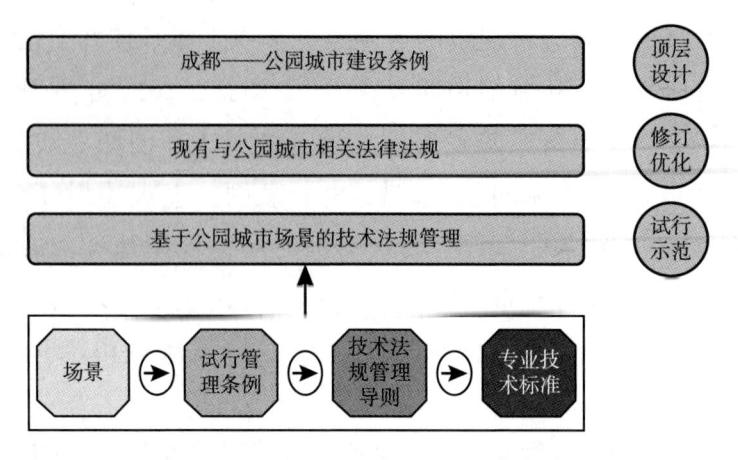

图9　成都公园城市法治体系建设路径

次"城市机会清单"共2800余条供需信息，成功对接1400余条，实现融资140亿元，促进城市与企业相互赋能。建立"创新应用实验室"，开展市场化应用攻关，为场景突破提供应用规范和接口标准。建立"城市未来场景实验室"，开展新技术、新模式、新业态融合创新的场景实测和市场验证。举办10场"场景营城产品赋能"双千发布会，面向社会发布1050个新场景、1193个新产品，释放城市场景建设项目投资约6400亿元，吸引社会资本约872.3亿元，推进"城市场景"到"场景营城"迭代演化。2020年，"城市机会清单"入选国务院办公厅深化"放管服"改革优化营商环境第一批拟推广十大典型经验做法。

要素供给日益完备。聚焦科技创新能力建设，实施校院企地融合创新行动、科技成果转化计划，出台科技创新创业18条。聚焦营造引才育才留才环境，实施"精准引才计划""蓉漂计划""城市猎头行动计划"，出台人才新政12条，截至2020年底，新经济从业人员数量达到372.6万人，新职业人群规模突破63万人、增量居全国第2位。聚焦资本要素有效整合和精准匹配，实施"创投环境提升行动"，用好用活天使投资基金、新经济产业基金、科创投基金、重大产业基金、新经济专业化银行、上市融资六个金融工具。聚焦数据要素汇聚流通和价值变现，构建公共数据开放和运营服务平台，实施上云用数赋智行动、工业互联网创新发展计划。

企业梯队不断壮大。实施新经济"双百工程"，每年遴选百家重点企业和百名优秀人才给予重点关注、重点服务、重点支持，培育新经济领军企业、领军人才，打造新经济"主力部队"。累计培育双百企业224家，动态调整的百家重点企业营收从2017年的292.2亿元增至2020年的676.6亿元。开展新经济企业梯度培育，强化种子企业、准独角兽企业、独角兽或行业领军企业分层分级、精准施策，建立市、区（市）县两级新经济企业梯度培育库，设立新经济发展专项资金，累计培育新经济梯度企业1318家。加强新经济企业服务，建立新经济企业服务专员制度，联合协会、银行、基金和政府服务机构，链接多方资源，配备科技、金融、融资三类专员，为新经济企业提供专项服务。成都新经济市场主体不断壮大，企业总量从18万家增至45.8万家，独角兽企业从0增至7家，8家新经济企业科创板上市过会，成为中西部最大的新经济企业上市群。

品牌影响力持续提升。举办新经济企业市州行、海外行等活动，打通市场、链接资源，打造有利于新经济企业发展的生长环境。持续举办全球创新创业交易会、"兴隆湖畔·新经济发展高端论坛"等具有国际影响力的新经济展示平台，推动新经济产业链、价值链、人才链在成都集聚，形成新经济话语引领。组建新经济企业俱乐部，充分发挥"桥梁"作用，持续举办成都新经济创新加速营，为100余家新经济企业精准对接项目合作机会500余次，帮助企业完成融资超3亿元。挖掘典型案例100余个，形成一批新经济理论实践成果。

三 成都市营造和谐共融场景的思路与愿景

（一）成都市营造和谐共融场景的思路

秉持场景营城理念，通过提升应用场景能级、构建应用场景体系、供给多元应用场景，推动城市场景化、场景项目化，构建多维度多层次城市场景体系，赋能市民高品质生活、经济高质量发展、生态高价值转化、城市高效能治理。深化拓展新经济七大应用场景，加快构建宜居生态、美好生活、智能生产、智慧治理城市场景体系，推进场景构建与城市空间结构、商业价值、人文氛围有机统一，重塑城市形态，提升城市品质，改善城市民生，优化城市环境，完善城市功能，为新技术、新模式、新业态的融合创新与突破提供新的成长沃土，为企业提供更多城市新机会，为市民提供更多美好生活新体验。

构建宜居生态场景。围绕生态优化、绿色发展的高质量发展路径，以营造高品质生活环境、高质量发展环境为重点，深化实施绿色低碳建设示范工程，以节能减排、污染防治和低碳城市建设为抓手，构建低碳能源场景、绿色生活场景、绿色环保场景和生态系统碳汇场景，加快构建绿色低碳的产业、能源、城市、碳汇、消费和制度能力六大体系，打造可感知、可进入、可参与、可消费的生态空间，促进生态价值向经济价值转化，满足人们对"诗意栖居"的追求和向往，实现人与自然和谐共生。构建低碳能源场景，重点构建能源设施清洁化、节能工程、清洁能源替代等三大低碳能源场景，规划布局示范加氢站、综合能源站，完善互联互通的共享充电服务网络，加快城市配送、邮政、绿化等领域新能源汽车应用推广。搭建新能源汽车及充电设施监测监管平台，持续开展工业、建筑、交通和农业农村等领域节能工程。实施清洁能源替代，打造商业、旅游业清洁能源生活区。支持东部新区打造金茂绿建智慧能源中心，加快建设能源站房、新能源科普展示中心、智慧能源运营管理中心、智能输配管网，打造智慧低碳能源场景的典型示范。

构建美好生活场景。生活导向下的公园城市建设应聚焦于为人民群众提供更舒适、更便捷和更优质的公共服务及相关产品，满足人民群众的真实需求。构建美好生活场景体系，可以从社区生活、绿色出行、消费、文旅四个维度入手，一是打造全龄友好公园社区场景。构建15分钟社区生活圈，消除不同类型公共服务设施覆盖范围的差异，在现有的教育、卫生医疗、餐饮娱乐、公共交通等服务设施的基础上，进一步提高养老机构、幼托机构、公园等相关公共服务设施的覆盖率。逐步完善保障性住房周边的配套设施，提高社会弱势群体的日常生活便利性，弱化城市空间分异，实现城市公共服务设施全面均等化配置。二是打造公园城市绿色出行场景。出行是居民生活的重要组成部分，出行环境、出行方式和出行时间深刻影响着居民的幸福感。在饱受交通拥堵等问题的困扰后，现代都市人的出行开始转向城市绿色出行。三是打造公园城市优质消费场景。重点打造地标商圈潮购场景、特色街区雅集场景、熊猫野趣度假场景、体育健康脉动场景、文艺风尚品鉴场景。四是打造公园城市文旅场景。成都的大熊猫、古蜀文化、三国文化、诗歌文化、休闲文化、美食文化、时尚文化等特色文化旅游资源具有很高的国际辨识度与影响力，同时其全球区位优势与双机场航空优势使成都成为连接大藏区、大九寨、大峨眉、大香格里拉等世界级旅游资源的国家旅游枢纽城市，为建设世界旅游名城奠定了良好基础。结合《成都市国土空间总体规划（2020~2035年）》与《成都市"十四五"旅游名城和音乐之都建设规划》，突出公园城市特色，充分发掘成都市各类文化与旅游资源禀赋，分别构建集都市文旅综合游、文化遗产游、山地度假游、运动休闲游、乡村野区游等覆盖全域的文旅场景体系，推进文旅深度融合，发展大众旅游、智慧旅游，进一步提升城市生活品质，建设世界旅游名城。

构建智能生产场景。锚定场景导向，实现场景—系统—公园城市交互集成的目标，明确生产导向的场景营造新理念。推动"城市—场景—项目"的链式关系，构建面向未来的生态融合场景、康养医疗场景、教育培训场景、低碳出行场景、文旅消费场景、创新创业场景等多尺度多维度场景体系，有助于加快经济发展方式转变。明晰生产场景与公园城市建设的关系。借助绿色低碳循环经济体系的构建，营造"绿水青山就是金山银山"的生产场景。从系统到公园城市，需要构建宜业生产体系，推动公园城市经济高质量发展。基于自上而下的视角，公园城市是场景的交互集成，从公园城市、社区、场景逐级细化。社区是城市组成的基本单元，从场景的角度看不同的社区是各类场景的交互集成，可分为城镇社区、产业社区和乡村社区，是体现高水平发展、高品质生活、高效能治理的基本单元。成都在公园城市示范区建设中需要切实落实产业立城、兴城。突出"生态为基、产业兴城、场景聚人"理念，从城市公园转向公园城市，从空间设计转向场景营造，突出人、城、境、业协调统一。与"土地出让—招商引资—配套建设"的传统发展模式不同，成都公园城市建设始终坚持"筑境—聚人—营城—兴业"逻辑，通过公园、绿道、公服设施、基础设施的先期投入，带动城市整体发展，借助优美环境营造和配套设施完善吸引人才等要素的迅速集聚，实现"先公园后城市，先生活后生产"。谋划场景路径，实现产业发展与场景营造良性互动的目标。以"场景应用"理论厘清产业发展新逻辑，以"场景构建"路径探索经济发展新思路，以"场景营城"理念构建全域发展新格局。不同于要素驱动型的传统产业促进模式，场景营城是对城市生产、流通、消费等环节优化重构的过程，通过丰富的应用场景培育和供给，为企业发展提供新机会、新需求、新场景，推动产业裂变重生、业态迭代衍生、模式融合创新，从而形成支撑城市发展的场景矩阵，提升资源配置的效率和质量。

构建智慧治理场景。以"智慧蓉城"建设为牵引，聚焦疫情防控、社会安全、应急管理、生态环保、交通管理等重点领域，推动智慧城市建设、运营和管理，全面提升以人为本、协同共享、安全可控的高效能治理水平，提升超大城市智慧安全韧性水平。以数字孪生城市建设为目标，对城市全要素进行数字化、虚拟化、全状态实时化和可视化管理，推动城市规划、建设、管理各阶段高质量运营的应用创新，实现城市运行管理协同化智能化。建强"城市大脑"，推进数据统一归集，完善数字基础设施，"揭榜挂帅"开发应用场景，促进城市运行"一网统管"、政务服务"一网通办"、社会诉求"一键回应"。

(二)成都市营造和谐共融场景的愿景

统筹政府资源和企业能力，完善"机会发布+创新研发、孵化试点、示范推广"的场景全周期孵化机制，以城市机会清单为牵引，打造全周期场景孵化赋能市场主体发展的创新服务链，推动公共资源和企业发展需求精准匹配和场景落地，努力打造具有成都标签的典型示范场景。

完善城市机会清单机制。围绕成渝地区双城经济圈、建设践行新发展理念的公园城市示范区等重大战略，聚焦"建圈强链"，针对重点产业领域、重点发展区域，面向产业园区、国有企业、新经济企业等征集场景建设中的供需信息，分类形成政府需求、政府供给、企业能力、企业协作"四张清单"，以线上"城市机会清单发布厅"、线下召开新闻发布会、清单推介会和清单对接会、资源链接会等方式，及时释放政府、企业两端供需信息，努力促进供需有效对接，为城市和企业资源共推共享共用搭建统一开放平台。

强化应用场景创新孵化。建设创新应用实验室，支持龙头企业、平台型企业等打通产业链上下游，建立生态圈提升本地配套率，开展市场应用攻关，为场景突破提供应用规范和接口标准；建设城市未来场景实验室，支持技术创新型企业通过"揭榜挂帅"等方式参与城市未来发展需求项目，开展新技术、新模式、新业态融合创新的场景实测和市场验证。

开展应用场景推广示范，实施"十百千"场景示范工程，引导政府部门、企事业单位应用新经济企业创新产品（服务）构建新场景，为新技术新产品新模式新业态提供集中展示和真实场景的应用示范条件，在美好生活、智能生产、宜居生态、智慧治理等领域，建设30个具有综合影响力的城市场景创新发展集聚区，打造300个具有引领带动力的城市场景示范点位，遴选1000个创新产品。

四 国外场景营造的经验借鉴

本报告梳理、总结了国外场景营造的典型做法和经验，为成都公园城市场景营造提供参考和借鉴。

（一）美国户外休闲产业场景营造

户外休闲产业已成为美国经济发展的重要驱动力，场景多样的公共场所、体验相异的公共设施和宜居宜业的公共空间是保障美国户外休闲产业发展的必要条件。美国户外场景营造在基础设施建设上尤为重视，特别是针对国家公园和州立公园建设的户外休闲场景，国家公园尤为重视本地环境与基础设施，国家公园依托农村地区广袤的森林资源而建设，在带动当地农民致富的同时，也促进了工业企业的发展。除基础设施外，法律法规为户外休闲产业场景营造提供了重要保障，通过鼓励居民和社会资本参与场景营造，并且不断对户外休闲产业场景的经济价值开展评估，以便及时、正确地调整场景，从而满足居民对生活的需求。

美国的户外休闲产业场景组成多样，包括城市的绿地、公园、湿地等一系列自然资源，依托良好的自然环境，搭建起能够满足居民深度参与消费的户外场景，将生活场景（划船、滑雪、机车、钓鱼、自驾游、徒步旅行、打猎等）与户外休闲产业场景有机结合，形成"人人爱上户外，人人消费户外"的生产、生活、生态多样化场景。美国户外休闲产业场景在产生巨大的经济效益的同时，在解决美国就业方面的社会效益也是不容忽视的，户外休闲产业发展过程中所需配套的销售员、潜水员、管理人员等成为热门抢手职业，此外，其他行业，如食品制造业、零售业以及金融行业得到长足的发展。

（二）新加坡"邻里中心"生活场景营造

新加坡"邻里中心"是生活场景营造的典型代表，为消费者提供功能齐全的场景，综合了便捷性和实用性的特点，能够满足居民各种各样的生活需求。"邻里中心"的设计理念起源于20世纪30年代提出的"邻里单位"。20世纪60年代，新加坡政府积极推进"居者有其屋"政策，为居民建设公共住房，解决当地住房紧缺的问题。"邻里中心"也伴随着居民小区建设拔地而起，"邻里中心"作为新加坡公共体系的重要组成部分，其服务半径为0.5千米，有效缓解了居民"买不到"的难题。"邻里中心"包括各种各样的公共场所，如菜市场、理发店、图书馆等，而且这些场所不会设立在道路的两旁，因此，在居民需求能够得到保障的同时不会对交通运输造成太大影响。"邻里中心"伴随着新加坡城市发展，开始逐渐成形，并经过数十年来的不断发展，已经成为新加坡城市的一张亮丽的名片。

近年来，新加坡大力支持年轻人创新创业，在"邻里中心"中为年轻人提供了开放式的店面，并降低租金标准，减轻创业者的经济负担，也为创业者的创业尝试提供更多可能性。"邻里中心"专注于本区域内的居民，政府大力支持"邻里中心"的发展，为社区居民提供多元化的公共服务，在带来巨额的经济收益的同时还解决了就业问题。

此外，新加坡"邻里中心"内嵌了新加坡人的精神内核，即以家庭为发展的根基，寻求和谐与共同发展，互相关怀扶持，宽容待人，求同存异。新加坡"邻里中心"以居民为核心，基础设施建设与公共服务全部围绕居民的现实需求，以满足居民在自己家周边能够亲近自然、参与文化娱乐，同时又将家庭住宅的空间进行了虚拟延伸，超市和菜市场是家庭厨房的延伸，公共阅览室与图书馆是个人书房的延伸，电影院是客厅的延伸，公共浴室是卫生间的延伸。和私人空间相比，在公共空间中进行各项活动能够拉近居民之间的距离，增进居民的人际关系和对社区的认同感、归属感。

（三）日本个性多元主题街区

20世纪90年代，日本为缓解巨大经济压力，逐渐探索形成了一套差异化、个性化的商业发展模式。日本政府通过打造个性多元主题街区，实现配套服务的细致化和特色主题的凸显。

日本浅草商业街是场景营造的典型，是日本人心中颇具重要地位的一条商业街。在受到西方潮流文化冲击后，浅草商业街依然保留了日本的传统文化和传统习俗，颇具日本特色。浅草寺是日本历史上最为悠久的寺院之一，位于浅草中央，众多以日本传统文化与传统习俗为特色的商业店铺分布在浅草寺周边，吸引了大量居民与游客参观拜访。与此同时，周边的商业活动和娱乐活动逐渐兴盛起来。浅草寺的道路两旁，聚集了众多以红色为代表色的商业店铺，以小吃、服饰、特产、祭祀用品为主营产品，继承了江户时代的悠久传统，其中一些店铺甚至具有数百年的历史，成为游客的出行目的地。近年来，浅草寺周围的道路汇集了众多商业街店铺，形成一条新商业街，主营性价比较高的产品，能满足低收入人群的需求。浅草商业街的娱乐业也很发达，汇聚了电影院、曲艺场所等娱乐场所，为群众带来具有日本特色的娱乐形式。浅草商业街在不同季节根据季节的特点举办形式各异的传统活动，具有鲜明的民族特色。

东京银座是日本东京最为发达的商业街，客流量居商业街前列，是步行者购物的"天堂"。东京银座分为东西两部分，吸引了众多流行时尚店铺入驻，汇聚了潮流文化、艺术品、时装、首饰等，以其丰富多元的产品与独具风格的宣传方式受到日本年轻人的青睐。银座三越于20世纪30年代开业，作为日本百货商店的起源，以高档奢侈品与时尚产品为主营产品，主要面向年轻人群体。东京银座还保留了具有传统技艺的店铺，以古朴的制作方法、不大的营业规模、专一的商品门类吸引消费者的关注，主要产品多为手工艺高档产品，面向高收入群体。银座大道后街主要汇集餐饮行业，包括酒馆、饭店等，以具有日本特色的传统食品为主，同时也有世界不同国家的特色食品。东京银座还汇集了夜总会、歌舞厅、旅馆、电影院、艺术画廊等，其举办的多元化娱乐活动增加了人们出行的趣味性，也使东京银座成为日本最发达的商业街。在对外宣传上，东京银座各大商家在不同时节向游客分发鲜花，并举办银座节等娱乐活动，集音乐演奏、祭祀文化等形式于一体，日本的银座也因此成为繁华的代名词。

表参道是日本独具特色的潮流前沿商业街。这里是日本年轻一代与国际流行文化接轨的窗口，汇聚了各大品牌旗舰店，是世界知名品牌在亚洲的宣传点。表参道的发展与东京奥运会密切相关，20世纪60年代，由于表参道地理位置便利，毗邻奥运会场馆，其带来了餐饮娱乐、时尚潮流等业态，在奥运会的影响下，表参道成为东京与国际接轨的重要窗口。表参道的交通设施逐渐完善，出行更加便利，使其成为多元文化碰撞与汇聚的时尚街区。通过改善周边配套公共设施，不断完善与优化消费者出行的方式和购物的体验，进一步吸引年轻人。表参道将公共交通设施设置在道路较低处，有利于在视觉上构造立体空间，与街道两侧的商业店铺形成视觉奇观，吸引游客的注意力，并于街道内侧设置了安全护栏与座椅，优化了游客的体验。

（四）韩国融合菜市场的生活场景营造

菜市场是韩国市民生活中的日常重要场景，韩国在菜市场的场景营造中为我们提供了许多值得思考借鉴的地方。韩国菜市场主要分布在居民区附近，虽然附近有很多大型超市，但是韩国人尤为喜爱菜市场，菜市场成为周围居民购买食材的首选地。在首尔，"通仁市场""广藏市场""南大门市场""鹭梁津海鲜市场""首尔药令市场""清凉里水产市场""京东市场"等都是韩国人耳熟能详的市场，市场里出售各种各样的蔬菜瓜果、调料、干货和新鲜水产。首尔市为了振兴菜市场，鼓励居民去菜市场采购，规定大型超市的每个月第二、第四个周日休业，并在首尔61个菜市场开展"走进市场"的促销活动，派发优惠券、打折券等。

作为首尔六大传统市场之一，"首尔中央市场"与东大门市场、南大门市场并驾齐驱，市场内销售的商品种类繁多，有果蔬、生鲜、家具、生活用品等。这里的顾客群一直源源不断，保持着热闹的风景。首尔中央市场与东大门市场虽只隔了两条街的距离，却展现出了完全不同的风貌。韩国的传统市场是当地人日常生活的缩影，在这里，不仅可以吃到韩国最正宗最地道的食物，更可以最直接最深入地了解到韩国市井生活的真实状态。面积大约相当于8个足球场的广藏市场，是首尔最具代表的三大综合市场之一。市场内贩卖的物品种类丰富，从韩服、布料、绸缎等，到蔬果、肉类、海鲜，应有尽有。

原本只是当地菜市场和批发市场的传统市场，能够成为代表地方特色的观光地，背后是韩国中小风险投资企业部和小工商市场振兴公团的支持，这些部门根据当地特点，对传统市场做了重新规划和运营，不断开发符合外国人口味的韩流美食，在传统入口处，特别是国外游客到访客流量较大的区域，设置了旅游咨询处和外国人专用的全球社区休息室，帮助有语言障碍的外国人了解传统市场信息，提供免费导游服务，有的市场里甚至直接设置退税服务厅；针对本土消费者发放优惠券，推出各种打折、促销活动，推送电子商品券和优惠券。

（五）启示与借鉴

通过对美国、新加坡、日本和韩国的场景建设经验的梳理与总结，可以看出，不同国家根据自身发展特点在场景的营造中采取的发展措施不尽相同，这对我国城市新场景的营造具有一定的参考价值。

一是需要政府统一宏观调控并制定动态考核指标。国外场景营造离不开政府的统一调控，在新加坡，政府对"邻里中心"的建设掌握着控制权，要求开发商必须与政府达成合作关系。场景的建设应当将商圈的规划纳入城市总体的规划之中，政府部门通过招商引资邀请专业人士进行实地调研，设计出一套可行的、科学的建设方案，对当地的情况进行深度调查，根据居民的消费特点与消费倾向定制网点的数量，并根据居民消费需求的变化及时调整网点的规划。在商业店铺建设前，政府需与开发商、建设商达成一致意见，仔细沟通规划细节。政府统一调控的优势在于能够极大地刺激经济发展，增加就业。通过消费场景的营造，能够增加可观的就业岗位。以政府为主导，协同社会各界共同参与消费场景的营造，有助于加强政府与群众之间的联系，能够有效约束参与建设的主体行为。政府的统一调控也需制定考核指标，对建设主体的行为及建设成效进行量化考核，将实际成效作为标准，加强政府的管控力与执行力，实现统揽统筹的目的。在其他国家新场景的建设与发展中，政府的主导作用与调控作用是场景建设能够平稳有效运行的基础与后盾。其中，美国联邦政府将国家公园、自然保护区等户外场景的建设置于首要地位，以高额的投资和相当大宣传力度保障美国人民的户外休闲运动，进而拉动户外休闲产业的消费水平，有利于经济增长。新加坡政府掌握"邻里中心"的控制权，从初期规划到实际建设再到招商引资的全过程均实时监控，确保人民的基本住房和更高层次的精神娱乐需求能够得到满足。因此，需要出台更加科学、完善的规章及政策来保障政府的把控力，同时政府需在场景建设中提供足够的资金支持。

以人为本凸显特色个性消费主题，需要考虑"人"的因素，考虑到消费者自身的特点与消费需求，方便居民的日常生活，提升居民的生活质量。考虑到当地地域特色与人文风俗的公共设施，打造一批标准化的、具有代表性的公共服务设施，构建独特的服务体系，满足不同人群的需求。在人性化方面，场景的可达性与开放性尤为重要，这也是户外公共空间的社会功能。场景营造的本质是经济与效率的问题，就公共服务而言，多样化的运营模式不仅能够降低运营的压力，也能为当地带来巨大的经济效益。公共广场、博物馆、电影院等公共场所举办的丰富的娱乐活动，与城市自身具有的运动健身文化、出行旅游文化、影视产业文化等特色相得益彰。新场景的建设中，提供多层次、高品质的公共服务和多元化的建设模式可为城市文化与城市形象的塑造提供参考。充分利用区域及城市特色，以人为中心，吸纳社会资本和优势资源，并利用好一切社会资源改进公共服务的漏洞，大力推进公共空间的营造，提升群众的信任感和归属感。

二是积极鼓励多元主体共治。在新场景的建设中，政府需要出台适当政策并给予支持力度。为创造良好的、和谐的营商环境，推进良性商业模式平稳运行，有关部门应当在土地租金、税收征收、小额贷款等方面给予一定的优惠及政策倾斜，提升平均收益率，以吸引社会投资者和年轻创业者参与到场景的营造中。在政策适当倾斜的基础上，随着国家治理能力的提升与现代化的革新，基层社会治理也应当随着社会的发展而变化，多元主体是社会这一有机整体的不可分割的组成部分，各个部分相互联系、相互作用，而各部分有机融合才能使整个社会平稳高效运行。对市场而言，基层政府引入市场化机制可以更加精准地提供产品与服务，减少浪费与损失，在监管机构的监督之下保障市场平稳运行。政府和多元主体之间的协作目的是激发社会活力及人民活力，需要各个主体之间保证有弹性的合作，共同在政府的主导下，高效利用各类社会资源与社会要素，打造可持续发展的和健康的治理机制。

五　思考与建议

从零星探索到全面铺开，场景创新为公园城市建设蓄势赋能。面向未来，构建"生态、生活、生产"相统筹的公园城市发展空间，是绘就公园城市宏伟蓝图的核心要义。以场景为"细胞"，通过构建和谐共融的多场景格局，推进公园城市示范区建设，实现生态空间山清水秀、生活空间宜居适度、生产空间集约高效。

厚植生态底蕴，打造人与自然和谐共生的生态场景。探索构建"绿道银行"和"生态账户"。突出公园城市特点，将生态价值考虑进来，突出公园城市特质，加强顶层设计、夯实生态本底、营造多元场景，将生态环境转化为生态场景，嵌入悠久的成都文化，构建生态产品调查监测机制和预警体系，建立政府主导、企业和社会参与、社会化运作、可持续的生态产品实现路径。建立生态产品监测和预警系统、生态产品目录清单和数据云平台，健全生态环境损害赔偿制度和编制自然资源资产负债表。构建生态产品价格核算和评级体系，建立健全"分类核算、分类应用"的生态产品价值核算机制，创新生态产品经营开发模式和路径，打造生态及价值实现产业生态圈，完善生态产品保护补偿机制。深入实施生态环境导向的开发（EOD）模式试点项目，构建以大熊猫国家公园为主体的自然保护地体系。构建生态信用数据库与生态信用管理制度体系，利用大数据、5G以及云平台等现代信息技术，搭建开放、动态、集成的生态信用数据库，对数据库实施"动态计分、分类管理、智能评价"，提高管理效率。创新绿色金融服务，打造"碳惠天府"项目的升级版，推动生态资产证券化，以"存款""生态积分"等方式引导非政府资金投入生态保护和建设。

积极打造智慧商圈，创造和谐宜居的美好生活场景。积极探索山水人城和谐相融新场景，将公园城市建设的成果转化为市民触手可及的体验，从物质和精神双向层面提升城市文明程度和市民文明素质，让市民精神文化生活更加丰富多元。构建推门见绿的消费场景，综合利用各个公园、绿地营造更多迎合居民需求的"帐篷"风景线，将城市里的公园以及郊区的田野、湿地、绿地、森林、湖泊等纳入居民的日常生活之中，架起自然资源与市民休闲生活之间的桥梁，提供近郊露营新场景。推广生活简约健康融合业态生活场景，构建"15分钟健身圈"，增设家门口"社区运动角"，让居民形成绿色低碳、简约健康、活力运动的生活方式，让公园城市生活场景更有魅力、更有内涵。

瞄准城市、人、产业三要素，共创全产业链新场景。充分糅合城市发展、人的需求与产业空间布局三者耦合需求，围绕轨道交通、数字经济、会展博览、绿色低碳等重点产业链，着力增强产业生态聚集力、产业链构建力、城市核心竞争力，推动全产业链新场景构建。强化"链主"在产业链中的辐射带动功能，集聚上下游配套企业，聚焦产业细分领域，进行靶向突破，形成以"链主"企业为龙头的产业集群。瞄准数字经济新场景，成立元宇宙产业联盟，推动"农业＋""生态＋产品"等在地资源向元宇宙产业衍生转化。建立"一揽子产业基金"，探索"链主企业＋公共平台＋产投基金＋领军人才＋中介机构"的产业链场景，大力促进资源高效集成、主体融合发展、产业协作配套，实现在细分领域精准化招引培育企业、集聚资源要素、涵养产业生态。

以人为核心，提升公园城市治理效能。摸清公园城市治理风险"家底"，有针对性地完善城市安全管理体系，夯实城市承灾能力，提升城市韧性，增强抵御冲击和安全韧性能力。确立以人民为中心的城市治理出发点和落脚点,坚持政府、社会、市场、公众多方参与的城市治理方式,提升公共服务供给能力,建设社会治理共同体社区治理场景。持续推进城市现代治理数字化转型场景。转变政府职能,不断提高政府现代化治理水平,激发市场主体活力。探索区域间资源利益的动态协调机制,构建按照地区发展能力与发展水平来配置资源的体制机制。

第二篇 专题研究

第二章 构建公园城市宜居生态场景

场景作为城市公共政策的新型工具，持续联动着政治、经济、社会、文化和生态建设。成都在建设践行新发展理念的公园城市示范区的思路统领下，秉持场景营城理念，推进生态价值全面转化的宜居生态场景营造，为公园城市的幸福美好生活提供营城策略，为城市的转型发展找寻新路径。

宜居生态场景营造是在生态保护与生态修复的基础上，实现生态与生产生活全面融合，推动生态价值全面转化，实现人与自然和谐共生的公园城市营城策略。本章基于宜居生态场景导向幸福美好生活的总体逻辑，立足生态场景功能的作用及要义，从打造城市生态地标，提供绿色基础设施，到融合绿色空间，提供可感知的生态景观，再到促进生态价值全面高效转化的生态场景升级，以"生态实景""生态风景""生态场景"的递进模式探索公园城市宜居生态场景营造的路径。

一 宜居生态场景内涵及其对公园城市建设的意义

（一）宜居生态场景的内涵

场景理论以消费为基础，以城市的便利性和舒适性为前提，把空间看作汇集各种消费符号的文化价值混合体，为人类认识城市形态提供了新视角。传统的场景理论作为城市研究的新范式和制定城市公共政策的理论指导，把对城市空间的研究从自然与社会属性层面拓展到区位文化的消费实践层面，将场景作为揭示各种消费实践活动本质的工具[①]。以罗杰·巴克（Roger Barker）为代表的生态心理学家，则把环境与行为看作双向作用的、生态上相互依存的整体单元。"场所犹如生活的舞台，在其中活动的人犹如相应角色的演员，演员及其表演与场所的特征在生态上构成了相互依存的关系，从而产生了一幕幕生动的场景。"场所与其中人的行为共同构成了行为场景，由此发展成"行为场景理论"，进一步丰富和延展了场景的概念内涵[②]。

公园城市建设以保护良好生态环境、实现幸福美好生活、推动城市绿色低碳发展为要义，对城市的生态文明建设及其与政治、经济、文化、社会建设的联动和可持续发展有着更高的要求。公园城市以其新时代生态文明视野下独特的营城形态，势必将拓展传统场景理论中"场景仅作为消费实践所形成的具有符号意义的空间"的释义，城市文化不应仅体现在人文环境上，也应体现在生态景观上。

2018年2月，习近平总书记视察四川天府新区时指出，"要突出公园城市特点，把生态价值考虑进去"。成都建设公园城市示范区，良好的生态环境是城市发展的基本保障，在此基础上，推动生态价值全面转化是城市绿色低碳转型发展的力量源泉。成都建设公园城市示范区，展现了人与自然命运共同体的责任担当，更是超大特大城市绿

[①] 吴军、特里·N.克拉克：《场景理论与城市公共政策——芝加哥学派城市研究最新动态》，《社会科学战线》2014年第1期；吴军：《城市社会学研究前沿：场景理论述评》，《社会学评论》2014年第2期。

[②] 宋秋明、黄建、武晓勇、刘怡、秦江：《绿色发展视野下的"实景—风景—场景"——生态场景理论与实践探索》，《城市建筑》2020年第36期；林玉莲：《环境心理学》，中国建筑工业出版社，2006。

色低碳转型发展的实践范例。成都建设公园城市示范区，上千个城市公园、川西林盘、生态绿地星罗棋布、串珠成链，这些蓝绿交织的生态环境的修复和塑造，既是公园城市空间、形态和功能的标配，更是为成都注入极富经济活力的生态场景[1]。

据此，公园城市宜居生态场景的含义可以从生态功能、生态价值两个层面展开。一方面，公园城市宜居生态场景以生态空间为对象，通过绿色连接、生态修复等理念技术，恢复和提升生态系统的生态功能，提供必需的生态服务。生态场景中的消费不仅是传统意义的消费，还包含了人类对清洁空气、水源、土壤、生物多样性等生态产品的本能使用，这种本能使用让人类在不自觉中"消费"了生态服务。通过对生态服务的消费，带来劳动力等要素的生产效率提升，为生态价值转化提供了前期条件，即生态场景的"生态性"和"风景性"。另一方面，公园城市宜居生态场景强调人的主体性介入，通过"人及行为"与"环境场所"要素的交互作用，形成具有本底支撑、美学服务和生产生活的绿色媒介。生态场景是基于生态空间，考虑人与生态环境的互动关系，融入生产、生活元素，在提供人类生存必需的生态服务的同时，进一步作为一种显性的经济载体，实现生态价值的全面、高效转化。宜居生态场景所转化的价值促进了城市就业、文化传播、经济增长，进而形成人与自然和谐共融、城市绿色低碳可持续发展的良性模式。

同时，营造宜居生态场景是生态导向发展模式（EOD）的具象。EOD是以生态引领的区域可持续发展模式，就是把生态建设作为区域发展的首要目标和要务，以良好的生态环境来促进新兴产业的聚集，进而实现产业的转型升级和经济结构的优化，这是一种践行"绿

---

[1] 潘家华：《统筹好"做强极核"和"辐射带动"的关系》，《成都日报》2022年6月8日。

水青山就是金山银山"理念的实际行动[①]。宜居生态场景营造契合生态导向发展模式的理念，基于生态本底的良性保有，将生态、生产、生活空间融合，获得可持续发展。公园城市宜居生态场景的营造充分体现了"公园城市的特点"，以公园建设驱动城市发展，将生态价值转化落实为城市运营的创新活力，实现人与自然命运共同体的愿景。

综上所述，公园城市宜居生态场景营造是在生态保护与生态修复的基础上，以人为本，实现生态与生产生活全面融合，推动生态价值全面转化，实现人与自然和谐共生，实现社会、经济、环境可持续发展的公园城市营城策略。

（二）宜居生态场景的营造逻辑

宜居生态场景营造遵循场景导向美好生活的总体逻辑，立足生态场景的生态功能服务和生态价值转化两大要义，以"生态功能""生态风景""舒适场景"三大内涵，形成营造宜居生态场景的基本要素和营造逻辑。传统的场景理论认为，场景构成包括5个要素，第一个要素是由邻里关系形成的社区，第二个要素是城市建设的基础设施，第三个要素是不同性别、教育情况等因素构成的多样性人群个体，第四个要素是由前三个要素构成的不同组合形式，最后一个要素是场景中所孕育的价值[②]。生态本底提供的绿色基础设施、社区和多样性人群与绿色基础设施间形成的互动，以及在这种互动关系中所孕育的价值，组成了生态场景的要素。宜居生态场景注重人与自然的互动关系，从"生态本底"到"生态风景"，再到"生态场景"，构成了场景营造的逻辑（见图1）。生态场景价值的有效实现，既要依托于生态实景的本底支撑、生态风景的合理塑造，更要借助于人与生产生活的

[①] 宋秋明、黄建、武晓勇、刘怡、秦江：《绿色发展视野下的"实景—风景—场景"——生态场景理论与实践探索》，《城市建筑》2020年第36期。

[②] 吴军：《城市社会学研究前沿：场景理论述评》，《社会学评论》2014年第2期。

深度融入，由此形成作用于自然、乡村、城市的媒介，推动公园城市全域绿色发展。

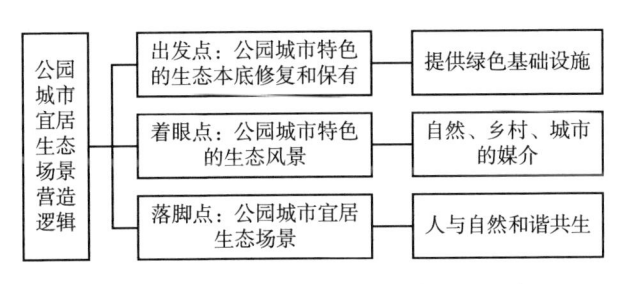

```
                    ┌─ 出发点：公园城市特色 ──→ 提供绿色基础设施
公园                 │    的生态本底修复和保有
城市
宜居   营造          ├─ 着眼点：公园城市特色 ──→ 自然、乡村、城市
生态   逻辑          │    的生态风景              的媒介
场景
                    └─ 落脚点：公园城市宜居 ──→ 人与自然和谐共生
                         生态场景
```

图 1　公园城市宜居生态场景营造逻辑

在生态本底方面，宜居生态场景尽量保存原生生态要素及生态区域，加强空间连接和各要素的自然演替及能量循环，形成连续生态网络，通过生态技术促进生物循环，增强生态演替过程的稳定性。在生态风景方面，宜居生态场景应植入人文元素，塑造在地风景。在生态场景方面，宜居生态场景强调人的主体性介入，体现以人为本、人与自然和谐的生态理念及以绿色为导向的生态发展观。在生态、风景客体环境中融入丰富的生产生活活动，运用科技智慧手段，完善各类设施，提供符合当下社会生活特征及消费行为心理的场景体验；同时注重记忆链接与情感激发，构建场景人文归属，促进循环消费和流量经济，让场景真正成为驱动区域发展的绿色触媒。

（三）营造宜居生态场景对公园城市建设的重要意义

营造宜居生态场景是彰显成都公园城市建设优势的有力抓手，对于成都建设公园城市示范区具有重要意义。宜居生态场景在为公园城市建设提供生态系统服务的同时，为城市更新与转型提供了切实的路径，为生态价值的全面高效转化提供了物化载体，为塑造公园城市特色风貌提供了营城策略。

一是发挥自然资源丰富多样、人文历史灿烂悠久的优势，提升公园城市显示度和辨识度。成都是公园城市建设的"首提地"和"示范区",在全国率先开展场景营城理论研究和实践探索,公园城市的辨识度不断提升。成都市丰富多样的生态资源和灿烂悠久的历史文化,为公园城市宜居生态场景营造提供了广袤空间和不竭源泉。成都地处四川盆地西部岷江中游段,是长江上游流经的第一个特大城市,拥有都江堰、大熊猫栖息地等世界知名的自然文化遗产,是自然保护区、森林公园、风景名胜区面积最大的省会城市。成都生物多样性优势明显,是全球34个生物多样性热点地区之一,是海拔高差最大的特大城市(海拔359~5364米,海拔相对高差达5005米)。而且,成都作为古蜀文明的发祥地,有着4500余年的城市文明史、2300余年建城史,文化遗产丰富璀璨。

二是提供绿色基础设施,促进公园城市特色风貌的塑造。传统城市开发对生态环境的影响要持续相当长时间,有些影响甚至数百年都难以恢复。宜居生态场景营城的理念,可以为公园城市建设提供绿色生态基础设施,为城市发展所需的生态本底提供保障,为公园城市特色风貌提供空间。实现城在园中、城田相融;山水林田湖城生命共同体理念全面落实,城市形态与天府文化高度融合,人、城、境、业和谐统一。

三是提供亲近大自然的场所,促进市民幸福美好生活。宜居生态场景带给人们高品质生活,让人充分体验到生态系统与人的关系。人们以宜居生态场景为媒介,从生态系统中获得供给服务、调节服务、文化服务和支持服务等生态系统服务,感受自然对人类的贡献[①]。宜居生态场景减轻人们的精神疲惫,有助于纾解生活在城市的人们的压力和慢性疲劳,带给人们健康和娱乐价值,增强幸福感。

---

① 吴杨、田瑜、戴逢斌、李子圆:《"自然对人类的贡献"的实现、发展趋势和启示》,《生物多样性》2022年第5期。

四是提供物化载体,促进生态价值全面高效转化。营造宜居生态场景是推进生态价值转化的重要探索,以营造高品质生活环境、高质量发展环境为重点,建立以产业生态化和生态产业化为主体的生态经济体系,实现人与自然和谐共生。成都具有良好的生态禀赋,生态和文化是成都建设公园城市的两大核心底气。但建城以来,尤其是工业化过程中,城市环境与生态遭到了破坏。以宜居生态场景营城理念为带动,将生态保护和生态修复全面地引入城市,以科学的生态原则,规划建设、更新改造城市的工业空间、工业设施和每一栋建筑的细节,把自然植入公园城市,并且将复杂丰富的城市生态各个部分有机地整合为独具特色的大公园系统,可以推动实现大公园对大城市整个生物圈的正面影响,从而推动优良的生态本底转化为可感知的生态场景。

五是催生新兴产业,促进城市更新与转型。宜居生态场景不仅蕴含了生态服务功能,同时传递着生态文化和生态价值观。将生态服务功能、生态文化和生态价值观融合于宜居生态场景中,并形成信息传递给不同的人群,增加人们对生态价值的感知,使人们眼中的城市成为人们思绪与情感交融的城市,引导公众行为,吸引高级人力资本聚集,催生新兴产业,形成公园城市特色产业,推动城市更新与转型发展。

二 成都市营造公园城市宜居生态场景的实践探索

成都市在全国率先提出了城市场景理论,在宜居生态场景营造方面展开了丰富的理论和实践探索,并出台了系列关于宜居生态场景的政策文件(见表1),成都市从宜居生态场景体系、重塑城市形态、生态价值高效转化等方面,为企业提供了更多城市新机会,为市民提供了更多美好生活新体验。

表1 成都市关于公园城市宜居生态场景的政策文件

时间	政策文件	有关公园城市宜居生态场景的主要规定
2020年	《公园城市示范场景营造共建共治共享行动工作方案》	①天府绿道筑景成势 ②以"百个公园"示范工程建设提升公园品质 ③园林绿化提档升级
2021年	《成都市美丽宜居公园城市建设条例》	①明确成都公园城市营造6类公园场景：山水生态公园场景、绿道/蓝网公园场景、乡村郊野公园场景、生活化城市街区公园场景、人文成都公园场景、产业社区公园场景 ②鼓励市场主体参与绿色开放空间运营
2021年	《关于进一步加强成都市公园(绿道)场景营造和业态植入规范管理的指导意见》	①指导成都市行政区域内城市公园及非城市建设用地内,乡村公园、山水公园、绿道等的场景营造和业态植入的规范管理 ②规范了场景业态植入用地 ③提出要合理设置公益类服务业态,配置基础配套类(包括商业零售、餐饮)与大众体验类(包括文化体验、科普、运动休闲)业态,纠正重商业场景、消费场景,轻文化场景、生活场景的片面做法 ④各类公园要分类引导场景业态植入
2021年	《成都市"十四五"新经济发展规划》	①明确提出构建宜居生态场景体系 ②强调生态高价值转化
2021年	《成都市湿地修复与生物多样性保育技术导则(试行)》《成都市人工湿地植物应用导则》	从技术层面对湿地保护修复工作进行系统性、规范性指导,为构建宜居生态场景提供湿地保护科技支撑体系
2022年	《关于以场景营城助推美丽宜居公园城市建设的实施意见》	明确构建宜居生态场景体系,包括建设绿色低碳能源场景、绿色空间场景、公园绿道场景和碳中和场景
2022年	《成都市"十四五"新型智慧城市建设规划》	①要求2025年实现生态环境业务数字化管理覆盖率达90%,城市绿地数字化管理覆盖率达98% ②明确打造"生态环保智慧化场景"的重点任务

资料来源：笔者整理。

(一) 构建了多维度的城市绿色空间场景

一是以多层次绿色空间塑造公园城市形态。依托"两山"（龙门山、龙泉山）、"两水"（岷江、沱江）生态骨架，深入实施"五绿润城""天府蓝网"行动，逐渐呈现园中建城、城中有园、推窗见绿、出门见园的公园城市形态。构建以大熊猫国家公园为主体的自然保护地体系，建设上千个城市公园、川西林盘，生态绿地星罗棋布，城市绿道串珠成链，为城市生物多样性修复、碳汇增氧、气候调节、科普教育、生态体验等提供多层次的、丰富多彩的绿色空间场景。统筹布局多种类型的公园形态，营造以山体、峡谷、森林、雪地和溪流等特色资源为载体，建设山水生态公园场景；串联城乡公共开敞空间，建设天府绿道、天府蓝网公园场景；以特色镇（村）为中心，以林盘聚落为节点，建设乡村郊野公园场景；面向街区内不同人群需求，营造多种生活化城市街区公园场景；结合文化建设，打造人文成都公园场景；将公园形态建设融入产业园区建设，打造产业社区公园场景等6类城市绿色空间场景。

专栏一　成都市依托多维度城市绿色空间建设的宜居生态场景

天府绿道健康骑行：2019~2022年，成都市连续四年举办世界自行车日。截至2022年6月，成都单车骑行总公里数1.7844亿公里，相当于绕地球4461圈。环城生态公园百公里绿道将成为成都世界赛事名城的一张闪亮名片。

熊猫绿道：全国首条主题绿道，作为天府绿道"一轴、两山、三环、七带"中的重要一环。熊猫绿道以熊猫文化为特色，建设5.1平方公里环状"城市公园"和现代化、高品质的102公里区域级绿道，是中国最大的露天熊猫文化博物馆。

公园（绿道）阳光帐篷区：出台《成都市公园（绿道）阳光帐篷区

管理指引（试行）》，明确了阳光帐篷区的选址和布局。在选址方面，应选择在生态良好、风景优美、视野开阔、水源有保障、交通便利的区域；应避开自然灾害频发区域、自然保护地以及生态脆弱的区域等；应选择地形相对平整、坡度不宜大于15°。在布局方面，阳光帐篷区规模和接待容量应根据公园（绿道）生态承载力确定，整体布局应因地制宜，充分保护和利用天然地形及自然资源。

资料来源：《2022上半年成都人单车骑行1.78亿公里绕地球4461圈》，https：//baijiahao.baidu.com/s? id=1737215444747058778&wfr=spider&for=pc；《散步也能遇见"熊猫"和我去成都的熊猫绿道走一走吧》，https://baijiahao.baidu.com/s? id=1609466137227347378&wfr=spider&for=pc。

二是以生物多样性引领营造人与自然和谐相处的绿色空间场景。生态兴则文明兴。唐代诗人杜甫"窗含西岭千秋雪"的千古绝句生动描绘了成都的绿色空间特质，1000多年后，雪山依旧定格在成都的城市风光中。成都拥有从中亚热带至北亚热带、暖温带、中温带、寒温带、亚寒带直至冰雪永冻带各种气候。龙门山、龙泉山"两山"相望，岷江、沱江"两水"相依，为孕育丰富的生物多样性提供着优越的自然条件。大熊猫国家公园成都片区是全球34个生物多样性热点地区之一，分布有约占大熊猫国家公园85%的陆生野生动物种类和90%的种子植物种类。常年活动有野生大熊猫73只，占全国野生大熊猫总数的4%。成都现记录有4459种植物，占全省植物总数的40.86%；野生鸟类共530种，占全国鸟类总数的32.7%；共记录有陆生野生动物700种，其中国家一级重点保护动物29种；昆虫的最高纪录达6334种。打造全球最大的城市森林公园——龙泉山城市森林公园，总面积1275平方公里。全面建成后，每年将释放23万吨氧气、吸收31万吨二氧化碳，给每名市民新增至少10平方米的森林绿地，既为"生态屏障"又是"城市绿心"。"草树云山如锦绣""窗含西岭千秋雪"，镌刻着成都大美天成的历史印记，寄寓着万千市民对公园城市的无限憧憬。

三是持续营造环境保护、生态修复的绿色空间场景。成都地处长江上游，上游水质达标与否，直接关系着长江流域的清与浊。筑牢长江上游生态屏障，成都坚持生态优先、绿色发展，护美绿水青山。为了让"锦江澄碧浪花平"的美景再现蓉城，成都稳步推进水生态治理与修复工作，加快推进锦江、岷江、沱江三大流域水生态治理。成立成都锦江公园发展服务局，推动锦江水生态治理和锦江公园建设迈入新阶段。截至2021年底，全市地表水水质总体呈优，锦江的黄龙溪段在实现20年来断面水质首次达标后，更加好转。为了让"窗含西岭千秋雪"的盛景成为常态，成都以PM2.5和臭氧协同减排为主线，打好大气污染防治攻坚战，同时在中央环保督察中积极整改，化解问题，2021年取得299个空气质量优良天，为近10年来最好水平。成都启动2022年全市生态环境问题大排查"百日攻坚"专项行动，聚焦大气、水、土壤、噪声环境污染治理，逐一核查，立行立改，为全面建设践行新发展理念的公园城市示范区提供坚实生态保障。

（二）打造生态价值创造性转化场景

成都从公园城市"首提地"向"示范区"的奋进，伴随着从"场景营造"到"场景营城"的蝶变。深化场景营城策略，创新"公园＋""绿道＋""林盘＋""森林＋"模式，推动生态价值创造性转化。成都把营造新消费场景作为其中的关键抓手，创新以城市品质提升平衡建设投入、以消费场景营造平衡管护费用的"双平衡"机制，打造天府锦城、锦江公园等10个国家级生态价值转化示范区，建成23个公园城市示范片区，培育夜游锦江、沸腾小镇等生态价值转化场景品牌380个。

实施生态环境导向开发模式（EOD）的生态场景试点项目。在公园城市建设的大背景下，提出"蓝网＋绿道/公园＋商业"的建设模式，打造"公园＋新消费"有机融合示范场景，实施系列工程措施，修复生态环境，改善环境质量；把生态治理与筑景紧密结合，植入阳光草坪、音乐喷泉、书香阅读角、川派盆景园、时光隧道等系列景观小品，实现公园、绿道的创意表达；与休闲商业融合，布局儿童娱乐、亲子培训、休闲、网红特色餐饮、主题餐酒吧等业态，打造文化、食悦、闲趣、智能等主题消费场景，实现生态投入的可持续和生态价值的可转化。"公园＋"可阅读、可感知、可参与的生态价值转化的物化载体，正在这座城市加速呈现；水清、天蓝、土净、减废的美丽蓉城，正加速打造。

探索人居导向的生态人居公园社区场景示范项目。打造以鹿溪智谷公园社区为示范的公园城市创新社区生态场景。顺应山形水势，基于自然营建社区生态场景，将生态人居区与城市商务区、协同发展区紧密联动，抱团发展。

专栏二　鹿溪智谷——探路人居导向的生态社区场景

鹿溪智谷是成都市委十三届三次全会提出实施公园城市建设的"三大示范工程"之一，成都科学城的核心组成部分，也是天府新区新经济、科技创新功能的主要载体，目标建成高品质宜居生活地典范区、践行新发展理念的公园城市未来样板区。

约3800亩的鹿溪河生态区，因地制宜创新设计园林景观，让这个"长在公园里的房子"实现了对区域生态资源的高度占有。打造下沉式峡谷园林景观，在为都市人居重现自然幽谷之境的同时，内部园林景观与外部城市公园绿地交相辉映，形成"内外皆公园"的盛大宜居生态场景。

鹿溪智谷建设秉承"公园城市"理念，顺应山形水势，布局"智慧坊、数字湾、独角兽岛、科创园、国际港、绿色谷、未来村"七大科技创新产业功能片区。目前，已有成都超算中心、中科院成都科学研究中心、中科院光电所、诺基亚全球技术中心、海康威视、亚信（成都）网络安全产业技术研究院等数十家顶级科研院所及科技创新研发平台落地于此。

资料来源：《〈鹿溪智谷公园社区规划建设〉正式发布》，http：//www.cdipd.org.cn/html/2020/bydongtai_1026/309.html。

（三）无废城市引领下的生态场景营造

成都市被纳入四川省首批"无废城市"建设范围，以高起点、高标准、高效能，积极谋划"无废城市"建设方案。编制了成都"无废城市"建设实施方案，构建了63个指标体系（工业指标14个、生活指标20个、农业指标10个、其他指标19个），努力建设制度、技术、市场、工程"四大体系"，全力答好资源循环与减废降碳的"成都答卷"；构建"无废城市"政策体系，成都市先后颁布实施了《成都市固体废物污染防治三年行动攻坚方案》《成都市生活垃圾管理条例》《成都市美丽宜居公园城市建设条例》等15个政策法规，为有序推进"无废城市"建设提供了支撑；提升"无废城市"基础保障，成都市通过建设工业危险废物处置利用点、医废处置设施、生活垃圾焚烧发电厂、建筑垃圾资源化利用设施、生活垃圾分类设施等，全面推动生产生活过程中的废物处置利用。"十四五"期间，成都市将进一步加强固废处置利用设施规划建设，建设60余个固废处置利用设施，不断增强固废处置利用设施保障能力。成都市将统筹农业、工业、生活各方面固体废物污染防治工作，高质量抓好"无废城市"建设。同时把"无废城市"建设纳入政府目标考核，整体推进此项工作。此外，将建立成渝危险废物能力总体匹配、省域间协同合作危险废物处置体系，积极开展绿色园区建设，打造"资源—产品—再生资源"闭环产业园，积极探索生活垃圾分类新路径，高效助推新发展理念的公园城市示范区建设。

成都市利用先进环保技术，对生产生活中产生的废水、废气、废渣进行无害化处理和二次加工利用，实现无废处置，并增加后端产值。广泛开展了餐厨垃圾无废处理、生活废水回用、有机生活垃圾处置再利用等探索。在餐厨垃圾处理方面，利用联合生物加工技术的核心技术"噬污酵母"对餐厨垃圾成分进行转化，其后端产值是传统技术的3倍，占地面积仅为传统技术的1/3，处理时间仅仅是传统技术的1/10，没有二次污染，真正达到了无废处置。传统餐厨垃圾处理技术主要是厌氧制沼、好氧堆肥等技术，这些技术源于20世纪60年代的欧洲，其技术工艺后端产值低、二次污染大。联合生物加工技术由专项技术团队研发，致力于打造绿色循环新场景。其后端产品主要包括乙醇、酒糟酵母粉、垃圾衍生燃料等可以投入再生产的原料。除这些产品之外，生产产生的废水可以通过污水处理模块处理后进行达标排放，废气通过臭气处理模块净化达标后排放；废渣主要是混杂在餐厨垃圾中的生活垃圾，如玻璃、金属、陶瓷等重渣，其占比不超过1%，重渣经过筛分回归生活垃圾体系进行处理。

专栏三　无废城市"都市田园"助力双碳

四川科道农业有限责任公司研制的"智慧碳中和生态价值系统"样板楼，探索城市与农业结合相容的创新表达。"智慧碳中和生态价值系统"是公园城市、无废城市建设的一大创新，它最大的"秘密武器"就是创造"公园城市新生态"。

利用智慧排污系统把废水、粉碎后的餐厨垃圾，以及小区内的残枝树叶等可降解的有机垃圾全部放入由化粪池改建的沼气池，以此产生的沼气作为能源供部分住户选择使用，沼渣和沼液经工业化处理后制成生物有机肥，用于果蔬的生产；日常洗澡、洗衣、拖地等使用过的中水则会进入小区的中水湿地处理系统，通过处理后在智能浇灌系统上用来浇灌墙体上的"私家菜园"。从而实现建筑内部的排污再利用全循环，也实现了"私家菜园"的有机生产。

"智慧碳中和生态价值系统"就地就近处理所有有机废弃物，对外零排放零污染，其特有的农业建筑系统将住宅和城市变成农业森林，可以减少和吸收二氧化碳。

资料来源：《"智慧碳中和生态价值系统"建"空中菜园"变废为宝助力公园城市建设》，http：//sc.news.cn/content/2022－07/11/c_1128822539.htm。

（四）探索"数智环境"场景

成都的盆地气象条件、超2000万人口的超大管理规模、500多万辆机动车的超负荷承载等城市特点，使城市环境问题异常复杂。成都提出环境信息化和环境经济政策"两轮驱动"理念，按照"现状、科研、决策、执行、评估"五步闭环工作思路，通过顶层设计、整合共享、平台创新、场景应用等举措，着力打造"数智环境"系统，全域拓展数智环境"应用场景"。

一方面，聚焦主要矛盾，力求科学精准，持续改善生态环境质量。一是精准溯源。通过数据分类定量工业、机动车、扬尘三大污染源以科学制定应对政策，创新非道路移动机械数智化管理，推进餐饮门店清洁能源靶向改造并入选联合国教科文组织推广案例。二是精准预测。结合污染源清单数据，建立自主技术、独立创新的空气质量模拟及预报系统（CDAQS），使7日空气质量预报准确率达到89.3%。三是精准干预。健全调度执行机制，推进社区综合治理生态环境网格化管理对接，实现环保任务秒级完成。

另一方面，融入发展大局，主动思考作为，全力驱动城市提质发展。一是提速对企服务。通过线上线下对企一对一服务，实现审批要件、环节、时间和制度性交易成本"四个减半"，统一信息维护入口及办理查询出口，提供场景式服务引导，杜绝重复填报。二是助力产业发展。数据化排污许可证核发工作，形成针对不同行业、不同功能区的量化分析成果，为产业政策提供有力支撑。数据化企业环境信用评价结果、环境保护税征收工作，进一步提高联合奖惩精度，甄别标杆企业，形成行业示范。三是推动公众参与。整合"两微一端"群众举报渠道，探索整合志愿服务信息系统及正在建设的"碳惠天府"机制、个人环保征信系统，利用互联网平台对公众绿色生活方式进行点滴记录和实质激励。

专栏四　紧扣成都城市特点，高位谋划数智环境"蓝图路径"

成都从建机制、赋功能、搭平台、强队伍等方面高位谋划环境信息化的"1314"实现路径。"1"是健全一盘棋机制。在全国电子政务系统整合共享的大形势下，成都在机构改革中，专设了信息化处，以加强全局信息化的顶层设计和统筹推动。制定实施了《信息化工作管理办法》和《数据管理办法》等制度，要求全部数据集中、全部系统统一建设，从根本上消除孤岛烟囱，保证了全局信息化的系统性、全局性。"3"是确立三大主功能。一是通过集中共享，将现有的监测、审批、许可、执法等内部环境质量与污染源数据统一管理，同时收集气象、电力、税务、工商、经信、住建等部门数据，打造数据库；二是通过统筹约束，将三大战役、固废、噪声辐射、许可审批应急、生态保护与修复等，以标准工作流程建设各类环保专业应用，打造应用集；三是通过智能分析，将高质量发展、利企便民服务等，以大数据生成综合决策与服务支撑，打造智慧脑。第二个"1"是搭建一个系统。按照五步工作法，用"一个系统"实现贯穿任务的发起、响应、研判、处置和后评估的闭环全程。"4"是建强四支"精队伍"。有效组织信息中心、执法支队、督查巡查和属地网格化人员，协同开展任务执行工作，确保工作指令落地到位，并及时闭环。

资料来源：《四川：数智环境 生态环境治理现代化的成都实践》，https://www.mee.gov.cn/ywdt/gzdt/201911/t20191118_742774.shtml。

专栏五　成都构建道路交通空气质量监测网络体系

作为全国机动车保有量第二的城市，成都聚焦移动污染源这一城市大气污染的顽疾，在国内率先建设道路交通空气质量监测站（简称"路边站"）。成都市专门成立了机动车排气污染防治保障中心，通过构建成都市道路交通空气质量监测网络体系，路边站不仅实现了道路交通空气质量精准监测，还能以污染物浓度的变化特点、监测数据的相关性分析为核心，开展空气质量与机动车出行、气象条件变化等方面的综合研究，并提出针对性研究结论和对策建议，已成为推动成都移动源污染管控向动态化、空间化、网络化迭代升级的重要支撑。

资料来源：《成都构建道路交通空气质量监测网络体系》，《成都日报》2021年9月26日。

三　成都市营造宜居生态场景的经验与启示

（一）以EOD模式导向生态场景构建

一是做好顶层规划设计，坚持以EOD模式为导向，打造具备生活、生产、生态功能的三生融合场景。加强基础调查，摸清生态场景的生态本底现状特征，按照EOD模式进行系统叠加，形成总体空间结构，结合生产、生活主题，梳理出相应的场景逻辑。通过详细的本底调研，摸清场地中具有场景营造潜力的节点要素，按照"空间位置、现状要素、特征问题、景源价值、营造策略"建立景源清单。激发生态场景活动内容，形成生动的场景。

二是厘清发展逻辑，创新政府、企业、市民的合作参与机制。按照"政府主导、市场主体、商业化逻辑"，坚持"景观化、景区化、可进入、可参与"理念，推动生态场景与消费场景、人文场景、生活场景渗透叠加，深学细悟"绿水青山就是金山银山"理念，推进生态价值的创造性转化，努力把生态优势转化为竞争优势、把生态资源转化为发展资本，进而为构建公园城市生态场景注入强大动能。通过场景营造，为企业创造新机会、为市民创造新生活。成都以特色园产业策划，落地特色项目，打造首店经济，拉动生态场景项目的社会投资占比，为构建生态场景提供可持续发展动力。

三是构建多种功能复合的公园社区生态场景，满足美好生活向往。引导城市发展从经济导向到人本导向转变，沿袭成都平原天府之国"因水而兴"的人文向往，打造宜居生态社区场景。场景兼顾城市发展中生态本底的刚性需求和职住平衡的现实需要，实现对区域生态资源的全面高效利用。

（二）以生态惠民示范工程打造品牌生态场景

一是切实解决市民关心的生态环境问题，加大水、大气、土壤环境治理力度。成都通过实施生态惠民示范工程，以生态环境治理和修复为抓手，依托公园绿道蓝网，打造公园城市生态环境质量优良的场景。根据生态惠民示范工程2022年度工作计划，2022年，细颗粒物年平均浓度不高于40微克/立方米，优良天数率力争达到80%以上；市控及以上断面水质优良比例达到95%以上，无劣V类水质断面，县级及以上集中式饮用水水源水质优良率达到100%；受污染耕地安全利用率达到94%以上；中心城区绿色出行比例达到67%，中心城区公共交通占机动化出行分担率达到48%；全市森林覆盖率达到40.5%。

二是价值创造和多元体验有机结合，成都大力实施生态惠民示范工程等幸福美好生活十大工程，全面提升环境基础设施配套和生态产品供给，系统推进生态价值转化，实现经济高质量发展与生态环境高水平保护协同并进。在市政公园建设、基础设施建设、生态产品价值实现等多个领域打造宜居生态场景。推出生态惠民场景TOP100，聚焦城市中既有生态"颜值"，又有惠民"内涵"的公共领域，打造一批集生态、生产与生活于一体的"三生"融合空间。这些项目串珠成链，以社会认同、市民参与作为标尺，形成了主题鲜明、差异发展的生态惠民场景格局。

（三）以集智赋能创新宜居生态场景

一是以"政产学研用投"联动，打造集智生态场景。成都市根据生态、科技、人文的建设理念，围绕已有的生态本底，通过场景消费、智慧科技、历史文化体验等植入手法，把公园打造成以生态为基底、以科技为特色、以文化为内核的国际化生态科技智慧公园。将环保科技投产运用在城市的废水、废气、废渣"三废"处理中，打造了"生态公厕""餐厨垃圾无害化处理""落叶工厂"等亮点场景。

二是以数字应用，创新赋能生态场景。作为全国机动车保有量第二的城市，成都聚焦移动污染源这一城市大气污染的顽疾，在国内率先建设道路交通空气质量监测站。构建大气智能大数据监管场景，在行业内率先实现了"以算代测"。传统的大气环境监测由各级环保部门铺设的固定空气监测站实现，由于布点位置、辐射范围的局限，监测站无法实现全面域、全时段大气环境监测。该场景面向固定空气监测站空白区域，配备移动式空气监测设备、大气污染巡检车，消除了监测盲区。整合空气质量实测数据、城市多源大数据、宏观尺度监测数据，测算出城市全域空气质量，实现实时监测、污染溯源、层级推送，推动传统大气监测管治向智能化转变。

四　成都市公园城市宜居生态场景的营造策略和路径

（一）打造公园城市生态地标，营造生态系统服务场景

以往的城市建设常通过打造地标性建筑来彰显城市人文环境的内涵与特质。宜居生态场景的营造为城市形态塑造带来了新的视角，城市文化不应仅体现在人文环境上，也应体现在生态场景上。从重视打

造人工建筑地标向打造自然生命地标转变，重视打造具有地标性特质的城市生态空间，即城市绿色生态地标，正是破解当前城市生态建设难题的良方，也是公园城市宜居生态场景的营造策略。

1. 生态系统涵养场景

围绕生态涵养与保护修复需求，构建森林植被、天府绿道、城市公园、川西林盘、园林绿地、河湖湿地六大生态系统场景。作为城市中的绿色生命基础设施，绿地、林地、湿地的"三地"以及农田的"一田"空间是城市发展的重要生态保障。城市生态系统涵养场景建设应夯实"三地""一田"生态基础设施基础，将"人与自然命运共同体"的理念贯彻于场景的"规划设计—建设实施—管理运营"的全过程，充分考虑动植物的生存环境营造，将人工建造物与大自然协调，以求人与自然和谐合一、共生共进的实现。为承载绿满蓉城、花重锦官、水润天府的城市绿态，打造"远观有势，近览有质"的生态系统涵养场景。

2. 生态修复场景

整体统筹，打造土地综合整治典范区。围绕落实防治耕地"非农化""非粮化"要求，强化国土空间用途管制，制定环城生态区土地综合整治与生态修复总体规划和实施方案，启动环城生态区生态系统生产总值（GEP）评估工作，开展耕地保护监管，实现农业区、生态区、建设用地区三大空间有机协调，打造超大城市近郊高标准农田建设典范区。

保护优先，打造生态修复示范区。加强城市生态修复，完善"河湖林岸"绿色生态网络体系，营造生态网络新场景。坚持节约优先、保护优先、自然恢复为主的方针，统筹山水林田湖系统治理，推进青龙湖、锦城湖、北湖3个集中水体和府河、江安河、清水河、东风渠四大水系水生态治理，修复提升磨盘山、天回山、五龙山3个自然山体，提升区域生态系统的连续性、完整性和稳定性。

3. 公园绿道场景

加快构建龙泉山城市森林公园璀璨"绿心"、大熊猫国家公园生态"绿肺"、天府绿道城市"绿脉"、锦城公园超级"绿环"、锦江公园精品"绿轴"的"五绿润城"公园绿道场景。以山水生态、绿道蓝网、乡村郊野、多样化街区、人文成都、绿色产业社区等6类城市绿色空间场景形态，推动全域城市公园化，打造"青山映城、草长莺飞"的生态示范场景。提升龙泉山城市森林公园"城市之眼"丹景台等现有著名地标的生态性、风景性和场景性。

4. 地标性生物多样性场景

尊重生态规律，追求环境友好和"生物友善"的同步实现，充分发挥成都市乡土植物、本土动物及自生微生物的生态价值，构建近自然型的"乡土植物＋本土动物＋自生微生物"地标性生物多样性场景。以城市森林为例，地标性生物群落构建的途径和手段需遵循生态学原理，将潜在自然植被作为恢复目标，应用接近自然、模拟自然的技术工法，营造由乡土植物构成的复层—异龄—混交的森林，为本土动物提供栖息地，并辅以招引和复壮技术，提升本土野生动物多样性，形成具有区域自然风貌、富有勃勃生机的城市绿色生命地标。

以生物多样性保育和质量提升为目的的城市生态空间保护与重建，可作为城市生态网络中核心生态功能节点和生态廊道建设的主要途径，以促进城市本土生物多样性的恢复，满足人们亲近自然的愿望，实现草木苍翠、虫鸣鸟啼、水木清华、鸢飞鱼跃、人水至和、欢声笑语的和谐景象，构筑令人向往的宜居美好公园城市。

（二）以幸福美好生活为导向，营造可感知的宜居绿色空间场景

推进场景构建与城市空间结构、商业价值、人文氛围有机统一，重塑城市形态，提升城市品质，改善城市民生，优化城市环境，完善城市功能，为新技术、新模式、新业态的融合创新与突破提供新的成

长沃土，为企业提供更多城市新机会，为市民提供更多美好生活新体验。

1. 绿色交通基础设施场景

深化"轨道＋公交＋慢行"三网融合的绿色交通场景。构建公园城市绿色基础设施网络，发挥综合生态系统服务功能，提升城镇品质。结合城市更新，将现有城市基础设施网络与生态景观深度融合，基于城市线性交通基础设施的构建模式，结合多元数据的交通景观基础设施选线规划，构建新型复合城市绿色基础设施网络。

推广节能低碳交通装备应用场景。因景施策，因城施策，根据具体的应用场景和城市需求合理布局应用绿色低碳交通装备。继续促进新能源汽车消费、充换电设施建设，由政府组织、引导、推进存量小区实现公用充电桩全覆盖。

营造绿色低碳出行场景。推广共享单车、共享汽车等出行方式，为市民提供可接触、可参与的绿色交通场景。依托天府绿道建设，引导市民体验绿道骑行、体验公园城市优美生态、体验舒适安逸的"上班（回家）的路"社区绿道，引领形成绿色低碳、乐享健康、简约高效的新风尚生活出行场景。

2. 绿色建筑场景

构建适宜成都市气候条件和节能建筑发展水平的绿色建筑场景。在执行强制性节能标准的基础上，打造零碳建筑场景和零碳社区场景。推行零碳建筑与零碳社区技术集成场景品牌示范，为公园城市提供向公众展示高能效绿色建筑及基础设施先进理念的窗口。

推行绿色建造方式。实施既有建筑绿色化改造，促进建筑运行绿色低碳，提升工程建设全过程标准化、数字化、信息化水平。推动可再生能源在建筑行业的大规模应用，加速建筑用能设备的电气化。从提升空调、照明、电梯、办公电子设备等主要用能产品本体能效、系统节能运行控制、新能源替代、温室气体排放减少等四个方面开展关键节能技术研究、标准研制和应用示范。通过打造"碳中和"办公场景、生态环保住宅场景、雨水收集循环利用的可持续景观中心场景等，推动绿色空间场景营城。

3. "以智代工"的环境智慧治理场景

以改善市民关心的生态环境质量为核心，全面拓展数智环境系统的应用场景，发挥大数据、人工智能、机器学习等现代信息技术的独特优势，推进环境治理、环境监测、环境审批与服务等数字化建设，构建生态环境治理信息化体系。探索能对整改反馈结果进行深度学习的环境智慧系统，为未来环境治理提供智能化决策支持，实现"以智代工"环境智慧治理场景的远景目标。实现支撑、驱动和引领成都市环境治理体系和治理能力现代化。

（三）以生态多元价值观，营造生态价值高效转化场景

在城市更新和转型发展的过程中，顺应自然、尊重自然，以人为本，营造高品质生态场景，拓宽生态价值转化空间。

1. 以"微改造"更新丰富城市街区生态场景

对城市中心街区景观实施生态"微改造"，营造城市更新改造的生态场景。一是利用街区中的小空间，应用生态场景营造理念，改造街区中的墙体、街道、建筑的立面、屋顶等。二是从城市街区的关键之处进行细微改造，类似空间要素"点、线、面"中"点"的作用，由此进行适合街区生态景观的改造。三是以相对少的经济投入推动城市街区改造，以经济的导向为原则，投入小但是改造效果好，在提高街区景观品质和功能升级改造的同时减少经济的投入和政府财政的压力。四是强调微改造过程中对街区景观环境和生态的正向影响，通过细微的改造建立城市街区生态系统微循环，对街区内的资源进行循环使用避免浪费。建立生态服务体系，在街区设置雨水处理场地、果园和生态场所，建立弹性景观系统，以低成本、微投入的方式进行，增加植被覆盖率，提升景观价值，实现街区环境的改善。采用微更新模

式，合理配置资源，实现政府—企业—居民的有序合作，形成"建设—经营—转让"的生态价值转化良性循环系统场景。

2. 以"多元价值"导向城市新区生态价值创造性转化场景

依托"公园城市"首提地——天府新区的建设，探索生态多元价值导向的全方位、多层次城市发展模式，构建生态价值创造性转化场景。利用自然系统所具备的从生态到精神、社会等领域的多元价值，吸引现代城市高端人才聚集，形成"人城产"融合空间形态。探索生态价值不断向创新价值、产业价值以及人居价值转化的可能性，促进以人为本的生态价值观在成都市民中的普遍形成。推动新型研发机构建设，重构创新全链条，吸引更多顶级科学家来川发展，建设西南地区原始创新、基础研究的重要载体，使其成为经济高质量发展的策源地和动力源。

3. 凸显"林盘景致"，营造乡村田园生态价值转化场景

依托川西林盘，植入文化、旅游、商贸等产业功能，营造乡村田园场景。溶解公园边界，融合自然景观，诠释公园城市的乡村表达，重现沃野千里的大美景象。打造精品林盘聚落体系。注重对传统文化村落的梳理和保护，科学论证和编制林盘整治保护修复开发利用规划，坚持多改少拆，深入推进都江堰精华灌区和川西林盘保护修复工程，打造一批"国际范""天府味"示范性精品林盘，形成林在田中、院在林中的新型林盘聚落体系。重塑川西田园景观。加强"百镇千村"景观化建设，以航空走廊、都江堰精华灌区、交通沿线、生态廊道、旅游景区为重点，实施大地景观再造工程，高水平规划建设特色街区、特色镇和田园综合体，既保证生态环境、视觉空间完整性，又将山水林田湖草等自然景观引入城市；科学制定规划建设指南，加快建设田园生活、生态旅游、产业发展、历史文化传承"四位一体"的特色镇（村），打造战旗村、竹艺村、盆景村等一批乡村旅游精品示范项目，采取"特色镇＋林盘＋农业景区/农业园区"发展模式，形成"沃野环抱、密林簇拥、小桥流水人家"的川西田园景观。

4. 构建生态场景数据库，营造生态价值高效转化场景

构建生态信用数据库与生态信用管理制度体系，利用大数据、5G以及云平台等现代信息技术，搭建开放、动态、集成的生态信用数据库，对数据库实施"动态计分、分类管理、智能评价"，提高管理效率。创新绿色金融服务，打造"碳惠天府"项目的升级版，推动生态资产证券化，以"存款""生态积分"等方式引导非政府资金投入生态保护和建设。

构建本地生态场景设施信息数据库，应对后工业社会城市转型与发展的挑战。深入实施生态导向的发展模式（EOD）试点项目，构建以大熊猫国家公园为主体的自然保护地体系。收集整理生态场景设施的具体种类和数量，以及不同组合所蕴含的文化价值取向，从而了解本地区生态场景设施的种类、数量和分布，特别是这些设施的各种组合所折射的文化价值取向，为利用现存资源、塑造区域特色提供前提条件。为潜在的游客、投资者提供信息资源，利用生态场景设施所塑造的公园城市生态场景来吸引这些人群前来工作、生活和消费，从而推动公园城市经济社会发展。

第三章 构建公园城市美好生活场景

"公园城市"是新时代城乡人居环境营造的新理念和未来理想城市建构的新模式。"公园城市"的营造强调城市绿色空间与城市建设空间在功能和用地等方面的高度混合布局,同时强调以绿色空间为载体,统筹城市生活、生态、生产、景观、业态和组织活动等多维要素共同营造城市氛围,通过"场景营城"的方式提升城市活力。"人"作为城市的本质和核心,"以人为本"的生活场景营造是公园城市建设过程中的重要环节,强调"人"在场景规划中的核心地位,通过开展各类场景氛围的营造,打造高品质的宜居生活场景,创造与人民美好生活需求精准匹配的空间供给,有助于激发城市活力。

一 以生活为导向的公园城市场景营造

城市是因人而建、因人而兴,其最终的目标是让人民的生活更加美好。亚里士多德曾说过,"人们来到城市,是为了生活;人们居住在城市,是为了生活得更好"。面对人民对美好生活热切向往的时代之问,在公园城市的建设中,要回溯城市初心,关注人民的生活,建设以生活为导向的公园城市,提升城市品质,加速促进"以人为本"的城市建设,推动城市发展从生产到生活导向的快速转变。当市民能够在山边园畔、溪边树下,或是街头巷尾享受生活时,他们的幸福感

第三章 构建公园城市美好生活场景

和归属感就会得到提升。

生活导向下的公园城市建设应聚焦于为人民群众提供更舒适、更便捷和更优质的公共服务及相关产品，满足人民群众的真实需求，其核心在于：一是满足居民的物质生活需要，提供便捷、舒适和智慧的生活方式；二是满足人民群众的精神文化需求，提供绿色、低碳和环保的生活环境；三是促进居民物质生活需要与精神文化需要的高度融合、人与自然的有机统一与和谐共生，提升居住空间宜居度和居民幸福感。

场景作为城市功能的空间载体和公园城市的基本构成细胞，在场景营城的理念下，以人本思想为核心导向，立足对美好生活的向往，以场景为手段，从医疗、教育、康养、消费、娱乐、休闲等视角出发，构建融合社区生活、绿色出行、消费与文旅的美好生活场景，形成若干个有特色、易感知、近百姓、可扩展与开放式的生活微场景，打造高品质生活宜居地，建设学有优教、闲有雅乐、病有良医、幼有善育、老有颐养的幸福美好家园。

2022年《中共成都市委成都市人民政府关于以场景营城助推美丽宜居公园城市建设的实施意见》中，成都市委市政府明确聚焦美好生活。近年来，成都市聚焦于城市以文化人、成风化俗，积极动员多方力量，整合各类资源，严格按照"打通贯通联通"要求，整合党建、教育、医疗和文化等各类公共资源，协同推进新时代文明实践中心、生活美学馆、社区邻里中心以及党员综合社区服务中心等公共服务一体化建设；努力构建交通运输生态文明体系，加快推进城市公共交通的优先建设，积极提升绿色交通出行公共服务水平；积极推动国际消费中心城市的建设；大力统筹推进高品质公共文化服务体系建设，与城市更新有机结合，打造"最成都·生活美学新场景"等，全面深化拓展新时代文明实践中心建设，构建家门口的精神家园，勾勒成都市民幸福美好生活场景。总体来说，构建以社区生活、绿色出行、优质消费、文化旅游为核心的生活场景，让不同群体能够更加精准地找到与自身生活期许相匹配的场景设置，助力满足人民美好生活需求，是成都公园城市建设的首要任务。

二 成都市生活场景现状及问题分析

场景是城市功能的空间载体，生活场景营造的核心是以人为本，强调考虑人自身的需求，注重人与自然及社会的和谐共荣发展。生活需要宜居、便捷、舒适，满足人本属性，让生活更加美好。让生活服务全覆盖，满足人们对美好生活的需要。

当前大数据时代的快速兴起，为城市领域的相关研究规划提供了良好的机遇，海量的时空数据及相关技术为新时期城市生活场景的营造提供了重要的数据和技术支撑。城市兴趣点数据（Point of Interesting，POI）表征了城市中各类公共服务设施（商场、医院、交通站点、教育机构、公园、金融机构等）的地理位置及其分布状态，包含了经纬度坐标、名称类别、地址、联系方式等各类属性描述信息，具有海量性、便捷性、时效性和覆盖范围广与精度高等特点[1]。目前POI数据已经被广泛应用于城市规划、城市交通、社会公平性、居民福祉、可达性和居民时空行为研究等[2]。例如应用于生活服务业时空格局的分析，商品零售业中心的识别研究，以及城市公共基础服务设施的空间分布研究等。利用POI数据研究城市公共服务设施的时空分布格局情况，不仅可以有效地摆脱基于传统统计数据研究的时间滞后性，还可以基于多种类型设施多时段动态监测城市发展。

---

[1] 邓鹏、李霖、陈功、李游：《基于用户情境的POI个性化推荐模型》，《测绘地理信息》2015年第3期。

[2] 陈晨、王法辉、修春亮：《长春市商业网点空间分布与交通网络中心性关系研究》，《经济地理》2013年第10期。

本研究运用大数据等手段，对成都市餐饮服务、医疗、教育、交通、购物、公园休闲娱乐设施等POI核密度、相关性、覆盖率、达标率以及生活便利度进行了分析，了解当前成都市各类生活服务设施空间布局的完善程度、问题与不足，为成都市美好生活场景的建设提供依据。

（一）研究数据

本文中成都市POI数据来自高德地图，于2020年4月抓取，覆盖成都市全域共20个区县120多万条数据，每条数据均包含经纬度坐标、行政区划、分类类别、地址名录和名称等各类属性信息。数据经过去重、筛选所需的类别后共计221993条，考虑到生活场景的便捷性和宜居性等特性，将POI分为餐饮服务、公园休闲、购物服务、交通设施、教育设施、医疗设施和住宅小区七大类别①。其中餐饮服务的数量最多，占比为46.97%；教育设施和交通设施数量最少，占比分别为2.39%和6.27%；各类数据量符合基本理论常识，可以用来反映成都市生活场景现状（见表1）。

表1 各类设施兴趣点分类详情

单位：条，%

一级分类	二级分类	小类示例	数量	占比
餐饮服务	快餐厅、中餐厅、外国餐厅	山东菜、四川菜、火锅	104263	46.97
公园休闲	公园广场、休闲场所、影剧院、娱乐场所、运动场馆	垂钓园、电影院、公园	22706	10.23
购物服务	便利店、超级市场、商场	购物中心、家乐福、华润	45516	20.50
交通设施	公交站、地铁站	公交站、地铁站	13929	6.27
教育设施	幼儿园、小学、中学	幼儿园、小学、中学	5315	2.39
医疗设施	诊所、专科医院、综合医院	诊所、口腔医院、卫生院	14092	6.35
住宅小区	住宅区	住宅小区、别墅	16172	7.28

---

① 吴康敏、张虹鸥、王洋、吴旗韬、叶玉瑶：《广州市多类型商业中心识别与空间模式》，《地理科学进展》2016年第8期。

（二）研究方法

1. 核密度估计

核密度估计是一种基于数据密集度函数聚类算法的空间密度分析方法[①]。核密度法通过顾及设施点对其周围位置服务的辐射距离衰减作用，可以实现对空间点数据的分布进行连续模拟，其核密度估计数值随设施点辐射距离的增加而逐渐降低，其方程定义为：

$$\int q(x) = \frac{1}{mhd}\sum_{i=1}^{nn} p(\frac{x-x_i}{h}) \tag{1}$$

式中：$p(\frac{x-x_i}{h})$ 表征核函数形式，一般用对称的单峰概率密度函数；q 为带宽，是表示平滑量大小的自由参数；d 是指数据的维度；m 表示带宽范围内的点 i 的点数。

2. 平均最近邻分析

平均最近邻分析（ANN）可以定量分析各类生活设施在空间上的集聚程度，计算公式为：

$$ANN = \frac{\bar{D}_O}{\bar{D}_E} \tag{2}$$

$$\bar{D}_O = \frac{\sum_{i=1}^{n} d_i}{n} \tag{3}$$

$$\bar{D}_E = \frac{0.5}{\sqrt{n/A}} \tag{4}$$

式中，n 为各类生活设施 POI 数量；A 表征所有 POI 点的最小外接矩形面积；d_i 为任意 POI 点与最邻近 POI 点的距离；ANN 为最近邻比率。若 $ANN<1$，各类生活设施 POI 点表现为集聚形态，$ANN>1$ 表示各类生活设施 POI 点趋向于扩散，$ANN=1$ 表示各类

[①] 汤国安、杨昕：《ArcGIS 地理信息系统空间分析实验教程》，科学出版社，2012；王远飞、何洪林：《空间数据分析方法》，科学出版社，2007。

生活设施POI点均匀分布。

3. 相关性分析

相关性分析是指对两个及以上具备相关性的变量要素进行分析，进而衡量各变量之间的相关程度。地理数据由于受空间扩散及相互作用的影响，两者或多者之间可能不再相互独立，而是彼此之间具有相关性，其空间相关性可以分为正相关、负相关和不相关。本研究基于空间相关性分析，通过ArcGIS中的Pearson相关系数模型[1]，对各类生活服务设施POI数据进行空间分布的相关性辨识，Pearson相关系数r的计算公式如下：

$$r = \frac{\sum_{i=1}^{m}(x_i - \bar{x})(y_i - \bar{y})}{\sqrt{\sum_{i=1}^{m}(x_i - \bar{x})^2}\sqrt{\sum_{i=1}^{m}(y_i - \bar{y})^2}} \tag{5}$$

式中，x_i、y_i分别是变量x、y对应的i点观测值，m为样本总数量，$\bar{x}$是x样本平均数，$\bar{y}$是y样本平均数。

4. "15分钟社区生活圈"覆盖率

"15分钟社区生活圈"是满足人民群众日常生活、提高居民生活幸福感及宜居度的重要举措之一。根据人们步行的速度衡量，15分钟基本可以覆盖1km之内的各种公共服务设施。基于此，本研究成都市"15分钟社区生活圈"各类公共服务设施覆盖率的计算是以住宅区地理中心为圆心，划定1km的圆形缓冲区，如果缓冲区内存在j类设施，则表示住宅小区在15分钟步行范围内j类公共服务设施覆盖[2]。

$$C_{i,j,k} = \begin{cases} 1, \exists\, F_j \subset N1(C_{i,k}) \\ 0, others \end{cases} \tag{6}$$

---

[1] 郝黎仁：《SPSS实用统计分析》，中国水利水电出版社，2003。
[2] 赵彦云、张波、周芳：《基于POI的北京市"15分钟社区生活圈"空间测度研究》，《调研世界》2018年第5期。

$$CR_{i,j} = \frac{\sum_{k=1}^{m_i} C_{i,j,k}}{m_i} \tag{7}$$

$$TCR_j = \frac{\sum_{i=1}^{20} \sum_{k=1}^{m_i} C_{i,j,k}}{\sum_{i=1}^{20} m_i} \tag{8}$$

式中，$C_{i,k}$ 是成都市第 i 个区县中的第 k 个小区；$C_{i,j,k}$ 表示 $C_{i,k}$ 的 1km 活动范围内是否存在公共服务设施 F_j，存在即表示被覆盖；$CR_{i,j}$ 是第 i 个区县公共服务设施 F_j 的覆盖率，代表不同区域的覆盖水平；m_i 为成都市区县 i 包括的小区数量；TCR_j 表示公共服务设施 F_j 在成都市的覆盖率，表征成都市的整体水平①。

5. "15 分钟社区生活圈"便利度

（1）便利度指标体系构建原则

"以人为本、和谐共生"是成都市生活场景营造的核心内涵，在此基础上，本文围绕生活场景营造需要宜居、便捷、舒适，满足人本属性，让人们生活更美好的愿景构建了餐饮服务、公园休闲、购物服务、交通设施、教育设施和医疗设施六个维度评价成都市住宅小区"15 分钟社区生活圈"的便利度。在指标的选取中需要充分考虑各个维度的评价范畴，确保所选指标既能够全面地反映该维度的评价内容，又能够与"以人为本、和谐共生"的核心内涵相呼应。

关于指标的选取原则，首先是科学性与系统性相统一。科学性主要体现在以问题为导向，评价指标的选取要具有代表性，能够客观地反映人们生活的各个方面，同时坚持客观公正、实事求是，强化指标量化，明晰度量方式，保障数据采集与评估方法的独立性和公正性。系统性则要求综合考虑生活场景营造的各个方面。指标的设立应充分考虑统计工作实际，精细化选择数据来源可靠、计算方法明晰、认可

---

① 赵彦云、张波、周芳：《基于 POI 的北京市"15 分钟社区生活圈"空间测度研究》，《调研世界》2018 年第 5 期。

度高的评价指标，实现纵向可追溯、横向可比较。其次，指标的选取要具有可操作性与前瞻性。缺乏数据或获得数据的成本过高会导致构建的评价指标体系失去现实意义，且数据的质量问题会使指标体系形同虚设。因此，在指标的选取上应优先考虑具有统计制度支撑的指标，或具有权威性和公开性的来源。前瞻性是指在指标的选取过程中，要兼顾历史和未来的发展，确保在未来发展过程中指标的可用性。

(2) 评价指标体系构建

本研究基于层次分析法（AHP）构建了城市生活便利度指数体系，其中包含6项准则层（餐饮服务、交通设施、教育设施、公园休闲、购物服务和医疗设施）和19个具体指标层（如快餐厅、中餐厅、公园广场、便利店、地铁站、诊所和综合医院等）（见表2）。权重确定主要是采用特尔斐法，即邀请相关研究领域的知名专家学者、规划人员及政府管理者各10名进行专家打分，进而确定准则层权重、指标层权重。

(3) 便利度指数测算方法

首先是各类生活设施归一化处理：

$$P_{i,j,p} = S_{i,j,p}/\max(S_j) \tag{9}$$

其中 $S_{i,j,p}$ 代表成都市第 i 个区县第 p 个住宅小区 15 分钟社区生活圈第 j 类生活服务设施的数量，$P_{i,j,p}$ 是成都市第 i 个区县第 p 个住宅小区 15 分钟社区生活圈第 j 类生活服务设施的归一化值；$\max(S_j)$ 是住宅小区 15 分钟社区生活圈第 j 类生活服务设施数量的最大值。

其次是住宅小区 15 分钟社区生活圈便利度指数计算：

$$P_{i,k} = \sum_{j=1}^{n} P_{i,j,k} * w_j^1 * w_j^2 \tag{10}$$

$$P_i = \frac{\sum_{k=1}^{m} P_{i,k}}{m} \tag{11}$$

其中，$P_{i,k}$ 表示第 i 个区县第 k 个小区 15 分钟社区生活圈的便利度指数；w_j^1 和 w_j^2 分别为准则层权重和指标层权重；P_i 表示第 i 个区县 15 分钟社区生活圈的便利度指数；n 和 m 分别表示各类生活设施的类别数量和住宅小区的总数量。

表 2 城市生活便利度评价指标体系

目标层	准则层	准则层权重 w^1	指标层	指标层权重 w^2	归一权重 w
城市生活便利度	餐饮服务	0.2	快餐厅	0.4	0.08
			中餐厅	0.4	0.08
			外国餐厅	0.2	0.04
	公园休闲	0.15	公园广场	0.3	0.045
			休闲场所	0.15	0.0225
			影剧院	0.2	0.03
			娱乐场所	0.15	0.0225
			运动场馆	0.2	0.03
	购物服务	0.2	便利店	0.3	0.06
			超级市场	0.3	0.06
			商场	0.4	0.08
	交通设施	0.15	公交站	0.6	0.09
			地铁站	0.4	0.06
	教育设施	0.15	幼儿园	0.4	0.06
			小学	0.3	0.045
			中学	0.3	0.045
	医疗设施	0.15	诊所	0.2	0.03
			专科医院	0.3	0.045
			综合医院	0.5	0.075

（三）结果分析

1. 生活场景核密度分析

核密度分析的结果表明成都市各类公共服务设施和住宅区的空间形态基本上呈现核心—边缘的分布特征，具有明显的集聚中心。从街道尺度上来看，餐饮服务核密度平均值最大的为春熙路街道，平均每平方千米数量为433.3个；其次为盐市口街道，平均每平方千米数量为388.2个，排名第十的为草市街街道，平均每平方千米数量为255.2个。公园休闲核密度平均值最大的为合江亭街道，平均每平方千米数量为96.1个；其次为春熙路街道，平均每平方千米数量为91.5个，排名第十的为跳伞塔街道，平均每平方千米数量为59.2个。购物服务核密度平均值最大的为春熙路街道，平均每平方千米数量为110.2个；其次为太升路街道，平均每平方千米数量为106.4个，排名第十的为水井坊街道，平均每平方千米数量为85.6个。交通设施核密度平均值最大的为府南街道，平均每平方千米数量为16个；其次为牛市口街道，平均每平方千米数量为15.5个，排名第十的为双桂路街道、书院街街道和水井坊街道，平均每平方千米数量为14.6个。教育设施核密度平均值最大的为猛追湾街道、府南街道、光华街道和西安路街道，平均每平方千米数量为6.1个，排名第十的为草堂街道，平均每平方千米数量为5.7个。医疗设施核密度平均值最大的为督院街街道，平均每平方千米数量为39.3个；其次为西安路街道，平均每平方千米数量为38个，排名第十的为双楠街道，平均每平方千米数量为34.3个。住宅小区核密度平均值最大的为西安路街道，平均每平方千米数量为82个；其次为少城街道，平均每平方千米数量为81.1个，排名第十的为合江亭街道，平均每平方千米数量为66.5个。

其中在街道尺度的各类公共服务设施前10排名中，书院街街道除交通设施未在前10名之外，其余各类公共服务设施均在前10名；春熙路街道、盐市口街道、合江亭街道在餐饮服务、公园休闲、购物服务、医疗设施和住宅小区5类设施中均上榜；太升路街道、水井坊街道、督院街街道、猛追湾街道、西御河街道和草市街街道也多次出现在前10名的排行榜中（见表3）。

表3　成都市街道尺度各类公共服务设施核密度平均值（各取前10）

名称	餐饮服务	公园休闲	购物服务	交通设施	教育设施	医疗设施	住宅小区
春熙路街道	433.3	91.5	110.2	14.0	5.6	36.8	77.4
盐市口街道	388.2	79.4	98.0	13.2	5.3	35.9	73.9
合江亭街道	378.3	96.1	92.7	14.0	5.4	37.6	66.5
太升路街道	327.3	71.7	106.4	13.6	5.6	33.7	75.4
书院街街道	320.3	81.2	102.2	14.6	5.9	36.3	71.3
水井坊街道	293.6	85.7	85.6	14.6	5.6	33.2	58.2
督院街街道	285.1	67.9	81.7	13.1	5.1	39.3	63.2
猛追湾街道	263.6	66.3	89.7	14.9	6.1	33.4	57.4
西御河街道	256.4	58.6	86.8	12.2	5.4	32.5	79.7
草市街街道	255.2	54.4	94.6	12.7	5.5	31.3	70.4
望江路街道	183.5	62.7	59.5	13.8	5.1	24.6	42.6
跳伞塔街道	195.4	59.2	62.5	13.2	4.9	33.0	53.2
抚琴街道	250.8	34.7	86.8	13.4	5.8	30.9	64.1
府南街道	208.1	34.4	74.7	16.0	6.1	32.2	55.4
牛市口街道	242.5	57.9	78.7	15.5	5.6	28.6	41.6
双桥子街道	232.7	49.5	81.9	15.4	5.7	30.0	41.3
光华街道	141.8	35.5	57.0	15.3	6.1	28.3	37.0
莲新街道	233.6	55.3	71.6	15.2	5.5	25.5	38.8
双楠街道	212.3	35.1	73.5	14.9	5.2	34.3	45.2
新鸿路街道	220.8	51.1	79.3	14.7	5.9	28.3	37.7
双桂路街道	153.4	32.5	51.7	14.6	5.2	20.8	23.8
西安路街道	241.6	34.9	82.8	13.3	6.1	38.0	82.0
建设路街道	215.6	55.0	71.1	13.8	5.9	25.7	32.1
晋阳街道	155.7	32.0	58.0	12.7	5.8	24.8	21.9
草堂街道	121.9	28.0	58.4	13.9	5.7	32.0	53.4
玉林街道	198.6	47.9	68.6	13.4	4.9	37.5	61.8
浆洗街街道	155.1	33.9	66.3	13.5	5.1	35.1	56.6
少城街道	225.2	41.4	72.0	11.7	5.6	34.6	81.1
新华西路街道	203.1	44.3	76.6	11.6	5.6	30.1	69.4

注：灰色数字代表每类中的前10名。

可以看出，成都市依然存在部分街道乡镇的各类公共附属设施不完善。其中餐饮服务核密度平均值最差的有祥符镇、中峰乡、临江镇、凉水乡、义和乡和银杏乡；公园休闲核密度平均值最差的有祥符镇、临江镇、凉水乡、义和乡和银杏乡；购物服务核密度平均值最差的有中峰乡、临江镇、凉水乡、义和乡和银杏乡；交通设施核密度平均值最差的有祥符镇、中峰乡、临江镇、凉水乡、义和乡、银杏乡、鸡冠山乡、雾山乡和西岭镇；教育设施核密度平均值最差的有中峰乡、临江镇、凉水乡、义和乡、银杏乡、鸡冠山乡、雾山乡和西岭镇；医疗设施核密度平均值最差的有中峰乡、临江镇、凉水乡、义和乡、银杏乡、西岭镇和保胜乡。在街道尺度的各类公共服务设施后5名排名中，中峰乡、临江镇、凉水乡、义和乡、西岭镇和银杏乡多次出现在后5名的排行榜中。

表4　成都市街道尺度各类公共服务设施核密度平均值（各取后5名）

名称	餐饮服务	公园休闲	购物服务	交通设施	教育设施	医疗设施
祥符镇	0.00	0.00	0.01	0.00	0.01	0.03
中峰乡	0.00	0.15	0.00	0.00	0.00	0.00
临江镇	0.00	0.00	0.00	0.00	0.00	0.00
凉水乡	0.00	0.00	0.00	0.00	0.00	0.00
义和乡	0.00	0.00	0.00	0.00	0.00	0.00
银杏乡	0.00	0.00	0.00	0.00	0.00	0.00
鸡冠山乡	0.02	0.04	0.02	0.00	0.00	0.01
雾山乡	0.17	0.28	0.05	0.00	0.00	0.04
西岭镇	0.08	0.15	0.04	0.00	0.00	0.00
保胜乡	0.13	0.01	0.07	0.08	0.01	0.00

2. 生活场景平均最近邻分析

成都市各类公共服务设施平均最近邻分析结果如图1所示，餐饮服务、公园休闲、购物服务、交通设施、教育设施、医疗设施和住宅小区的平均最近邻比率（ANN）均小于1，Z值小于-2.58，在99％的置信度下均表现出集聚模式，集聚程度依次为餐饮服务＞购物服务＞医疗设施＞公园休闲＞住宅小区＞教育设施＞交通设施。其中成都市餐饮服务的集聚程度最高，ANN值为0.193，成都市各种小吃遍布大街小巷，以吃闻名，因此数量较多，集聚特征更为显著。其次为购物服务，ANN值为0.251，集聚程度略低于餐饮服务。集聚程度较低的包括教育设施和交通设施，ANN值分别为0.364和0.449。

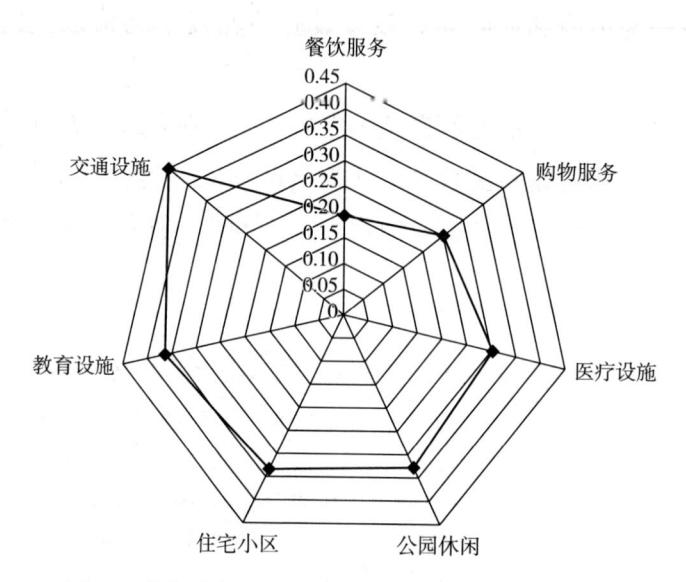

图1　成都市各类公共服务设施平均最近邻分析

3. 生活场景相关性分析

为了进一步探究成都市各类生活服务设施的空间相关性，本文利用ArcGIS软件对成都市各类生活服务设施两两之间的密度分布进行空间相关性分析，进而得到空间相关性矩阵（见表5）。

结果表明，成都市各类公共服务设施之间在空间分布上都具有较强的相关性，且在0.01层上显著。其中餐饮服务和购物服务、医疗设施和购物服务、教育设施和交通设施的空间相关性最高，为0.95。可能是由于餐饮服务和购物服务的选址多选在人口比较集中、社区比较密集的区域，这也是医疗行业布局选址的重要考量因素。其次是餐饮服务和公园休闲，相关性为0.94。与其他各类服务设施相比，相关性最低的为住宅小区和交通设施,说明成都市住宅小区周围的交通还有进一步完善的空间。

整体而言,各类公共服务设施的空间分布受到其同类或其他要素分布的影响,设施点越密集、相互融合程度越高,空间相关性就越强,说明研究区内各类设施的配套情况较为完善,城市化水平高,空间依赖特征明显。

表5 成都市各类公共服务设施相关系数矩阵

分类	餐饮服务	公园休闲	购物服务	交通设施	教育设施	医疗设施	住宅小区
餐饮服务	1	0.94	0.95	0.84	0.85	0.93	0.87
公园休闲	0.94	1	0.91	0.86	0.86	0.93	0.86
购物服务	0.95	0.91	1	0.90	0.93	0.95	0.88
交通设施	0.84	0.86	0.90	1	0.95	0.90	0.77
教育设施	0.85	0.86	0.93	0.95	1	0.91	0.78
医疗设施	0.93	0.93	0.95	0.90	0.91	1	0.91
住宅小区	0.87	0.86	0.88	0.77	0.78	0.91	1

4. "15分钟社区生活圈"覆盖率

从成都市各区县"15分钟社区生活圈"覆盖率(见表6)的结果来看,全市各类公共服务设施覆盖率达到100%的有4项,均集中在锦江区;覆盖率95%以上的有125项,90%以上的有177项,50%以下的仅为27项,表明成都市整体上在居民生活必需设施方面水平较高。覆盖率较高的包括餐饮服务、购物服务、交通设施和医疗设施,尤其是中餐厅的覆盖率在各区县都可以达到90%及以上,便利店除大邑县和彭州市以外也都达到90%及以上,公交站除大邑县以外均达到80%以上,诊所除蒲江县以外均达到80%以上。成华区、金牛区、锦江区、青羊区和武侯区的各类公共服务设施覆盖率较高。其中锦江区各项覆盖率在95%以上的占16项,除影剧院外各项覆盖率均在90%以上,中餐厅、运动场馆、便利店和公交站的覆盖率

表 6 成都市各区县"15 分钟社区生活圈"覆盖率

单位：%

一级	二级	成华区	崇州市	大邑县	都江堰市	简阳市	金牛区	金堂县	锦江区	龙泉驿区	彭州市	郫都区	蒲江县	青白江区	青羊区	邛崃市	双流区	温江区	武侯区	新都区	新津区
餐饮服务	中餐厅	99	93	90	95	92	99	93	100	98	90	98	90	99	99	93	97	98	97	99	95
	快餐厅	99	85	81	83	88	99	88	99	97	75	96	82	97	98	38	92	96	97	97	86
	外国餐厅	92	52	53	58	51	94	67	98	81	53	67	53	69	96	53	74	75	93	71	62
公园休闲	公园广场	94	59	61	72	61	95	75	98	86	58	77	68	82	96	76	77	81	94	84	71
	休闲场所	96	71	80	93	75	97	87	98	95	86	94	87	96	98	91	88	93	96	97	85
	娱乐场所	98	62	77	81	81	99	85	99	97	75	93	78	92	99	79	90	95	97	96	83
	运动场馆	99	74	89	95	90	99	92	100	98	90	98	89	99	99	92	97	98	97	98	93
	影剧院	84	46	43	50	41	80	50	89	61	44	69	60	68	90	67	66	68	80	68	58
购物服务	便利店	99	92	89	91	91	99	94	100	98	89	98	90	98	99	53	97	97	97	99	95
	超级市场	99	68	81	83	90	99	89	99	97	79	95	85	96	98	87	94	96	97	98	87
	商场	90	48	48	54	53	92	66	93	79	54	73	61	73	90	59	71	65	95	73	60
交通设施	公交站	99	83	78	87	82	99	88	100	99	83	98	83	99	99	88	98	97	97	99	92
	地铁站	92	0	0	0	3	95	1	98	47	1	43	0	3	96	0	56	54	93	41	46
教育设施	幼儿园	99	84	77	81	87	99	89	99	97	78	96	80	96	99	85	93	96	97	97	81
	小学	93	56	60	64	77	97	84	99	77	63	58	71	83	98	60	73	63	93	84	59
	中学	84	66	41	30	70	89	48	91	68	42	73	50	64	87	62	68	57	84	78	60
医疗设施	诊所	99	85	87	87	88	99	90	99	97	84	95	76	97	99	91	91	95	97	98	85
	专科医院	98	59	72	73	79	98	81	99	93	65	88	73	92	98	77	85	84	97	90	67
	综合医院	96	81	76	78	80	97	77	97	84	74	77	80	85	97	79	73	87	94	87	76

达到100%；青羊区各类公共服务设施发展较为平均，各项覆盖率在95%以上的占16项，除中学外各项覆盖率均在90%及以上；金牛区各项覆盖率在95%及以上的占15项，各项覆盖率在90%以上有17项，其中中学覆盖率为89%，影剧院覆盖率较低，为80%；成华区和武侯区各项覆盖率在95%以上的均占12项，各项覆盖率在90%以上均为17项，其中成华区和武侯区的影剧院和中学的覆盖率相对较低，分别为84%和84%、80%和84%。

从成都市各类公共服务设施"15分钟社区生活圈"覆盖率看，各项之间具有较大的差异性。成都市中餐厅的平均覆盖率最高，为97%，各区县之间均达到90%以上，彼此之间差异最小；其次是便利店，全市平均覆盖率为96.5%；覆盖率最低的为地铁站，为55%，原因在于成都市外围区县崇州市、大邑县、都江堰市和蒲江县等都未开通地铁线路；覆盖率较低的为中学和影剧院，全市平均覆盖率分别为71%和69%；中学覆盖率最高的为锦江区，覆盖率为91%，覆盖率最低的为都江堰市，覆盖率仅为30%；影剧院覆盖率最高的为锦江区，覆盖率为89%，覆盖率最低的为简阳市，覆盖率仅为41%（见图2）。

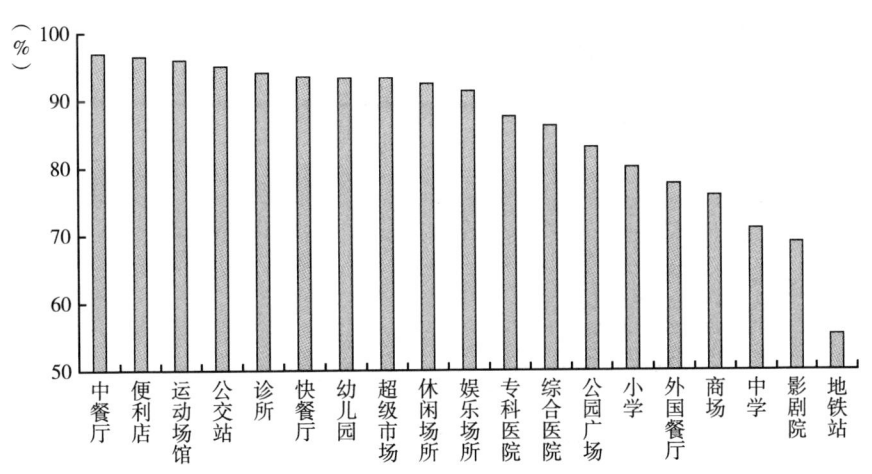

图2 成都市各类公共服务设施"15分钟社区生活圈"覆盖率

5. "15分钟社区生活圈"便利度测度

根据构建的成都市生活便利度评价指标体系，本文计算了成都市各个区县的生活便利度。结果表明锦江区的生活便利度指数最高，为0.83；其次为青羊区、金牛区、武侯区，生活便利度指数在0.6~0.8区间；成华区稍微次之，生活便利度指数在0.5~0.6区间。这五个区属于成都市的中心城区，其"15分钟社区生活圈"便利度指数都高于0.5，表明成都市中心城区生活场景的营造可以较好地满足人们的日常需求。而对于成都市中心城区外围的区县，包括双流区、温江区、龙泉驿区和青白江区的便利度指数与中心城区具有明显差距，在0.25~0.4区间。"15分钟社区生活圈"便利度指数最差的为大邑县、蒲江县、邛崃市和金堂县，介于0.2~0.25区间（见图3）。可见，成都市生活便利度指数受地理位置的影响很大，且不同区县之间存在较大差距。

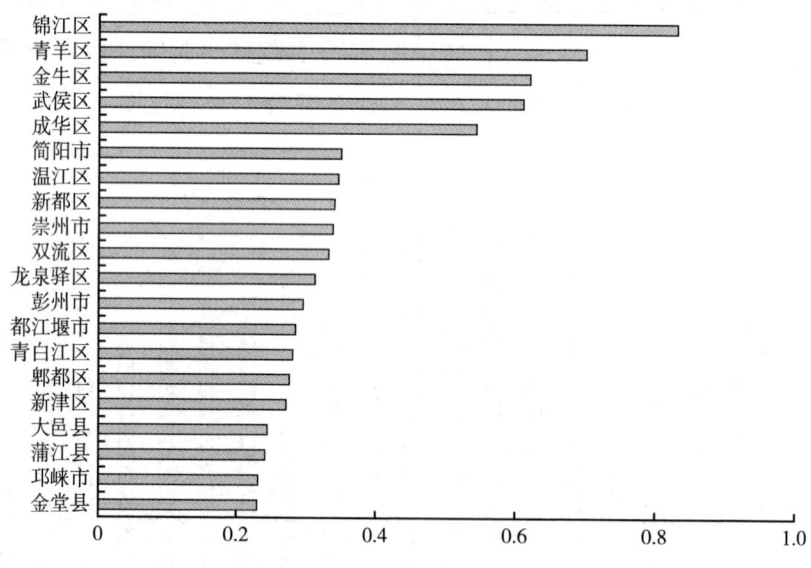

图3 成都市"15分钟社区生活圈"便利度

（四）取得的成效和存在的不足

场景是城市功能的空间载体，生活场景营造的核心是以人为本，强调考虑人自身的需求，注重人与自然及社会的和谐共荣发展。生活需要宜居、便捷、舒适，满足人本属性，让生活更加美好。让生活服务全覆盖，满足人们对美好生活的需要。自2018年习近平总书记在成都考察天府新区时首次提出"公园城市"理念到2022年2月10日国务院正式批复同意成都建设"践行新发展理念的公园城市示范区"以来，成都市一直在践行公园城市理念发展，积极营造生活场景。2022年3月16日，国家发改委网站发布《成都建设践行新发展理念的公园城市示范区总体方案》（简称《方案》）。该《方案》明确提出：到2025年，公园城市示范区建设取得明显成效；到2035年，公园城市示范区建设全面完成。该《方案》强调了要开展高品质生活城市建设行动，推动公共资源科学配置和公共服务普惠共享，为人民群众打造更为便捷、更有品质、更加幸福的生活家园；同时在建设品质化现代社区方面，要以满足社区居民基本生活需求和品质消费需求为目标，建设功能完善、业态齐全、居商和谐的一刻钟便民生活圈。

在新发展理念的指导下，在《方案》的支撑下，成都市生活场景的建设取得了明显的成效。①成都市通过场景营城进一步激发市场消费活力，依托新建成的朵云书院、焦糖盒子等一大批特色项目，打造集商旅文游购娱于一体消费全链条，有效地吸引了国内外大量消费者，提升了成都市消费水平。2021年1～10月成都市实现社会消费品零售总额7578.5亿元，同比增长16.7%，高于全国1.8个百分点。在2021年城市时尚消费力指数排名中，成都位列全国第五，在后疫情时代展现出强劲的消费动能与潜力。②成都市依托公园城市示范区和特色消费新场景，大力发展首店经济、TOD经济和社区商业夜间经济等，2021年1月到10月，成都市新开业商业项目21个，引进品牌首店600家，引进外资企业314户，注册资本达97.1亿元。

③通过城市微更新等手段，改造更新社区商业中心，提升社区消费场景品质。2021年，成都市打造社区美空间91个、社区运动角50个，改造社区邻里中心14个、社区商业网点123个，建成100个特色商业街区和100个户外消费场景等，初步形成一批智慧便捷、功能完善的社区新场景。

然而，通过前文的计算可以看出，目前成都市公园城市生活场景的建设依然存在一些挑战，如公共服务设施覆盖率不足和区域分布不均衡等亟待解决。

1. 公共服务设施覆盖率仍需进一步完善

本文借助于POI数据，从多个角度分析了成都市餐饮服务、公园休闲、购物服务、交通设施、教育设施和医疗设施六类公共服务设施的配套和覆盖情况。全市各区在公共服务设施布局的数量及空间位置方面的优劣势不尽相同。整体来说，全市覆盖率95%以上的有125项，90%以上的有177项，50%以下的仅为27项，表明成都市公共服务能力发展良好。但目前全市各类型公共服务覆盖率均未有达到100%的，最高的中餐厅，覆盖率为97%。其次，与人们生活息息相关的便利店和诊所也未实现全区域覆盖，覆盖率为96.5%和94.1%。除此之外，小学的覆盖率仅为80%，在未来的发展中也有待加强。

2. 区域发展不均衡仍需进一步协调

就公共服务覆盖率而言，成都市各区县之间差异较大。成都市成华区、金牛区、锦江区、青羊区和武侯区的各类公共服务设施覆盖率较高，各项覆盖率在95%以上的均可以达到12项以上，各项覆盖率在90%以上均可以达到17项以上。而对于成都市中心城区外围的区县温江区、郫都区、双流区、新都区、青白江区和龙泉驿区而言，各项覆盖率在95%以上的有4~10项，各项覆盖率在90%以上的有9~11项。而更外围的大邑县、崇州市、都江堰市、简阳市、金堂县、彭州市、蒲江县、邛崃市和新津区各项覆盖率在95%以上的最高仅为2项，各项覆盖率在90%以上的最高仅为5项；如大邑县各项覆盖率没有超过95%以上的，各项覆盖率在90%以上的也仅为1项中餐厅，影剧院、商场和中学的覆盖率均小于50%。

在街道尺度上成都市各街道POI数量配套也有明显的集聚现象。根据核密度分析的结果来看，成都市中心城区的书院街街道、春熙路街道、盐市口街道、合江亭街道、太升路街道、水井坊街道、督院街街道、猛追湾街道、西御河街道和草市街街道等多个街道的核密度平均值在各类公共服务设施中均排名前列，而排名靠后的均出现在成都市中心城区外围的区县。

从"15分钟社区生活圈"便利度指标来看，也同样体现出了区域发展不均衡的问题。成都市中心城区的"15分钟社区生活圈"便利度指数都高于0.5，而对于成都市中心城区外围的区县，包括双流区、温江区、龙泉驿区和青白江区的便利度指数与中心城区具有明显差距，在0.25~0.4区间，更外围的大邑县、蒲江县、邛崃市和金堂县的便利度指数最差，仅在0.2~0.25区间。

总体而言，成都生活便利度指数的空间分布特征是由内向外辐射，依次递减，区域之间分布不均衡。这与成都市本身的城市格局直接相关，作为典型的放射型城市，成都以天府广场为核心，人民北、中、南路为南北轴，蜀都大道为东西轴，以"环线＋放射线"的结构，由内向外辐射。在未来应通过规划引导，合理布局公共服务设施，有效串联外围孤立地区，推动中心城区和外围区县的融合，形成城市集聚化发展格局，降低区域之间分布不均衡。

3. 中心城区"15分钟社区生活圈"便利度仍需进一步提高

当前，成都市中心城区的成华区、金牛区、锦江区、青羊区和武侯区的各类公共服务设施覆盖率基本达到90%以上，但依然有一些包括中餐厅、便利店、幼儿园、小学、公交站和诊所等公共服务设施并没有实现区域全覆盖，达到100%。未来针对这类设施，要查缺补漏，争取早日实现这类设施的全覆盖。针对中学、商场和影剧院这类公共服务设施要合理布局，适当增设这类设施点，努力提高区域覆盖率，争取中心城区平均覆盖率达到90%以上。

成都市中心城区"15分钟社区生活圈"便利度均在0.5以上，除锦江区的生活便利度指数为0.83，其余四个区生活便利度指数均在0.5～0.8区间，还有较大的提升空间。要合理布局各类公共服务设施，努力提升中心城区的生活便利度，满足人们的生活需求，提高中心城区居民的幸福感。

三 美好生活场景体系的构建与发展路径

当前，在"场景营城"理念的推动下，2020～2021年成都市先后从美好生活、智能生产、宜居生态、智慧治理等方面构建城市场景，为未来成都市美好生活场景体系的构建提供了丰富的经验。根据前文对于成都市生活场景中的公共服务设施覆盖率及可达性等现状问题的分析，贯彻《中共成都市委成都市人民政府关于以场景营城助推美丽宜居公园城市建设的实施意见》精神，借鉴成都市城市场景建设的经验，本文分别从社区生活、绿色出行、消费、文旅四个维度入手，构建了美好生活场景体系，并提出了相应的发展路径。

（一）打造全龄友好公园社区场景

社区是居民生活的基本单元，也是提供公共服务的基本单元，是居民获得幸福感、归属感和安全感最重要的空间层次。因此，以人本需求为导向，着眼于普通居民、老年人、儿童、残疾人等多元群体，面向城市未来发展，打造健康、安全、绿色、富有活力的社区生活，塑造集教育、文体、健康、养老、幼托、商业、休闲、娱乐等服务于一体的"全龄友好"社区生活场景，是成都美好生活场景建设的重要环节。

2022年《成都市"十四五"城乡社区发展治理规划》正式发布，以"人民至上、场景营城"为基本原则，力求居民生活环境更加美丽宜居、社区服务供给更加精准优质、社区发展潜力得到充分释放等，明确提出分类建成1150个幸福美好公园社区，示范创建100个未来公园社区，助力建设践行新发展理念的公园城市示范区。当前成都市的社区建设正在如火如荼地进行中，但现有部分社区建设仍然存在业态组织混乱、服务功能与居民需求不匹配、公共服务设施配置不足、服务功能不兼容等问题。在未来建设中，应重点协调居民需求与公共服务供给的可达性，结合老旧小区改造，提升社区服务功能，打造幸福宜居的社区生活场景。

1. 构建全覆盖式公共服务场景

以人为本，精准服务。社区生活场景建设中，在设置各类功能业态时应通过问卷、访谈等形式征求社区居民意见，充分关注婴幼儿、少年儿童、中青年以及老人的不同需求，在对辖区内的居民构成及需求进行全面调查后，从社区管理、便民服务、教育、文化、体育、医疗卫生、养老、市政、生态等视角出发，结合老旧小区改造建设精准配置，完善满足全年龄段居民所需的各项服务（见图4），实现社区公共服务设施100%覆盖，消除区域差异，均衡布局，使社区居民在"家门口"就可以享受到优质、优惠、便捷的公共服务和生活服务。

其中社区管理应包含基本的社区政府服务大厅、居民议事厅、街道办事处、社区综合治理中心等；便民服务应包含超市、农贸市场、便利店、快餐店、家电维修、五金店、咖啡馆、银行等；教育场景应包括小学、幼儿园、幼托、市民公益课程培训（老年大学、家长学校等）；文化生活场景应包含图书阅览室、展览陈列室、小剧场等；体育生活场景应包含综合体育馆、社区公共体育设施、小型体育活动场地、棋牌台球室等；医疗卫生包括社区卫生服务中心，应包含预防、保健、康复、托育、计生、医疗等服务；养老生活场景应包含老年医疗保健、日托养老服务、居家养老服务、全托照护服务、康复娱乐、老年食堂等；市政服务设施应包含综合公共交通站点、再生资源回收点、公共自行车、自行车停放及充电点、停车场、公共卫生间等。同时，良好的生态环境也是美好生活场景建设的重要保障，应保证社区公园、绿地、绿道等符合居民日常需求。

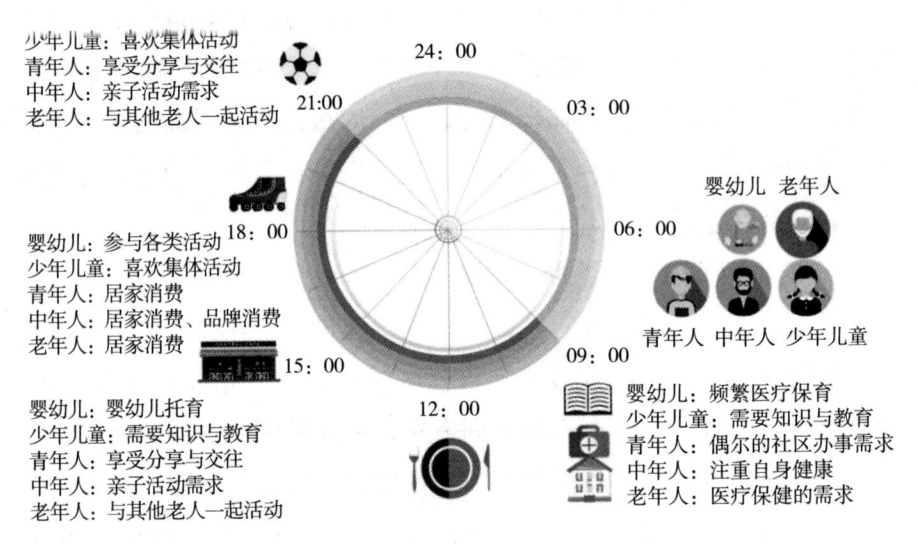

图 4 "全龄友好"社区生活场景

资料来源：红星新闻。

2. 构建 15 分钟社区生活圈

2021 年 5 月，商务部、住房和城乡建设部等 12 部门联合发布《关于推进城市一刻钟便民生活圈建设的意见》，提出在步行 15 分钟范围内建设多业态集聚的社区商圈，以满足社区居民的日常消费和品质消费需求。同年 7 月，自然资源部发布了《社区生活圈规划技术指南》，指出社区生活圈是在适宜的日常步行范围内，融合"宜业、宜居、宜游、宜养、宜学"多元功能，满足城乡居民全生命周期工作与生活等各类需求的基本单元，生活圈的空间范围通常为 3 平方公里，容纳常住人口5万~10万人。

针对当前成都市中心城区"15分钟社区生活圈"覆盖率存在的问题，在未来成都市社区生活场景的建设过程中，应消除不同类型公共服务设施覆盖范围的差异，在现有的教育、卫生医疗、餐饮娱乐、公共交通等服务设施的基础上，进一步提升养老机构、幼托机构、公园等相关公共服务设施的覆盖率，建设"全龄友好"社区生活场景。同时，为了实现社会公平，减少阶层分化，创建和谐社会主义社会，应该逐步完善保障性住房周边的配套设施，提高社会弱势群体的日常生活便利性，弱化城市空间分异，实现城市公共服务设施全面均等化配置。将成都的社区生活圈建设成一个既服务于上班族，也服务于老年人、幼儿、学生，宜业、宜居、宜游、宜养、宜学的美好和谐场景，满足社区居民物质与精神需求的聚居地。

总体来说，在成都市的社区建设中，应聚焦场景营造、高品质公共服务供给、老旧院落有机更新等主题，紧抓社区发展新机遇，助力成都加快建设高品质生活宜居地。

（二）打造公园城市绿色出行场景

出行是居民生活的重要组成部分，出行环境、出行方式和出行时间深刻影响着居民的幸福感。在饱受交通拥堵等问题的困扰后，现代都市人的出行开始转向城市绿色出行。绿色出行通常包括乘坐公共汽车、地铁等公共交通工具，步行以及骑行等，不仅可以节约能源、减少环境污染，同时也有利于提升出行效率、有益健康。近年来，我国大力推动绿色出行，不断改善绿色出行环境与服务品质，居民对绿色出行的认同感持续增强。

在公园城市建设的过程中，成都市积极加快完善绿色低碳出行体系，构建"轨道引领、公交优先""轨道＋公交＋慢行"三网融合的绿色交通体系，其中，轨道交通主要满足中长距离出行，常规公交主要满足中短距离出行，并实现对轨道交通的补充与接驳，慢行系统则主要满足短距离出行及与公共交通的接驳。截至2021年，成都城市轨道交通运营总里程达到558公里，中心城区常规公交线路1190条，日均客运量321万人次。"5+1"区域公共交通占机动化出行分担率超过60%，绿色出行分担率达到79%。在成都未来的公园城市建设中，应继续坚持"轨道＋公交＋慢行"的建设模式，持续推进公共交通发展战略、慢行系统持续强化建设策略，确立轨道交通的主体地位、常规公交"快、干、支、微"运输体系，深入探索超大城市交通治理的新路径，推进轨道、公交、慢行系统三网全面融合；对现有出行环境进行无障碍、适老化改造，保障公民出行公平，优化出行环境；同时，应通过一定的激励政策，如当前成都提出建立个人"绿色账户"，通过绿色积分兑换等活动，引导公民绿色出行，打造成都绿色出行场景，着力提升居民的出行幸福感。

1. 高效便捷的轨道交通出行场景

截至2021年12月，成都地铁共开通12条线路，均采用地铁系统，共计373座车站投入运营，46座换乘站。同时，成都成为国内首个一次性开通五条地铁新线的城市，也是全国地铁运营里程最快十年突破500公里的城市，正式跻身国内轨道交通"第四城"。

此外，应不断丰富乘客搭乘地铁的创新场景，引进自动贩卖机、共享充电宝、母婴室、商业方舱等多种功能业态，随时响应乘客需求。同时应结合地铁TOD综合开发项目，加快推进成都市的TOD综合开发项目，全面推动市区两级TOD综合开发项目，同时完善TOD项目的商业配套、公建配套、市政配套等，将每个TOD项目打造成融合居住生活、商务办公、休闲游憩等空间的美好生活场景。

2. 舒适易达的公交绿色出行场景

当前，成都市中心城区拥有常规公交线路1190条，建成区内公交站点500米覆盖率达100%，占机动化出行的60%。在未来建设中，应遵循常规公交"快、干、支、微"体系全面建设的原则，结合轨道交通建设，不断优化常规公交线路，强化公交地铁换乘接驳，形成级配合理、布局协调、换乘顺畅的综合公交一体化协调运营服务体系，构建良好的公共交通出行场景，更好地服务市民，适应城市发展。

同时应积极推进公交基础设施建设，加快升级改造现有公交站场，并深化大数据客流分析，科学合理配置公共交通班次，实现公交精细化运营，改善居民的乘车环境，提高出行效率，这将大大提高绿色出行比例，提高居民生活的幸福感。

3. 安全丰富的特色慢行场景

慢行是成都人的生活方式，建设以人为本的高品质慢行系统是提升成都人居环境质量、彰显成都城市魅力与特色的重要手段。根据城市居民的活动特征及生活需求，通过场景营造的方式构建基于高效通勤和游憩健身的特色慢行场景。

居民日常通过步行、骑行等方式实现短距离的出行或公共交通换乘接驳，通达快捷、连续有序、环境优美的慢行交通环境与高效便捷的立体交通转换空间是慢行通勤的根本需求。因此，在成都通勤类慢行系统的建设中，应结合城市道路、开敞空间、绿色廊道等的建设，提升慢行道路质量；在公共交通接驳方面，应围绕 TOD 综合开发，构建立体通达的一体化慢行网络，推动站城一体化建设；应充分发挥公共自行车的"最后一公里"的保障作用，在居住区及公共交通站点间灵活配备公共自行车及相应配套设施。在以游憩健身为主题的慢行系统建设中，应充分结合城市中的公园绿地、滨水空间等生态资源，营造环境优美的慢行场景；同时应在道路型慢行空间及开敞空间中增加高品质绿植、街道家具等，提升游憩健身活动的环境品质，充分发挥城市绿地、公园对城市的服务功能与生态价值。慢行交通系统的构建将大大推动城市的绿色出行，安全、便捷、舒适的慢行场景可以让大家慢下脚步，品味城市。

4. 智慧交通场景建设

紧抓智慧交通发展的机遇,以"智慧蓉城"建设为抓手,推动新一代基础设施建设与交通系统的深入融合,探索构建全域覆盖的实时智慧交通应用场景。通过综合交通网络指挥平台的构建,实现城市公共交通系统的统一管理调度,为城市居民提供多元、便捷、高效、通畅的智慧出行服务。

(三)打造公园城市优质消费场景

坚持高端化与大众化并重、快节奏与慢生活兼具,围绕居民消费品质化、多样化、服务化升级趋势,推动形成需求牵引供给、供给创造需求的高水平动态平衡,打响"成都创造""成都服务""成都消费""成都休闲"四大品牌,加快建设立足西部、辐射全国、面向世界的具有国际时尚魅力和天府文化特色的国际消费中心城市。

根据不同的消费需求,围绕"场景营城"的核心理念,打造多样化的消费场景,是激发成都消费创新活力与释放消费潜力的重要抓手。应充分依托成都的城市特色,分析成都的城市消费特征,分别从国际购物、成都特色、熊猫文化、体育运动、文化艺术等维度出发,构建满足人民美好生活需要的消费场景。

1. 地标商圈潮购场景

以成都春熙路、交子公园等市级商圈为核心,奥体城区域级商圈为支撑,大力发展品牌首店、都市餐饮娱乐、国际新品首发等面向年轻人的国际潮范业态,把握国际时尚脉搏,打造地标式国际潮购场景,面向全球,引领国际潮流风向标。

2. 特色街区雅集场景

以宽窄巷子、武侯祠—锦里等"八街九坊十景",以及大川巷等具有成都历史文化特色的街区为核心,发展以文化体验、休闲娱乐、文化创意、特色美食等为主的业态,品味成都市井"慢生活"。

3. 熊猫野趣度假场景

以成都大熊猫繁育研究基地为依托，发展大熊猫参观、大熊猫文创、高端生态旅游等业态，为消费者提供可以全方位感受天府熊猫文化的休闲消费场景。

4. 体育健康脉动场景

以成都第 31 届世界大学生运动会为契机，重点建设天府奥体城等体育场馆，发展品牌赛事、电子竞技、康养度假等体育创新融合业态，为市民提供专业化的体育建设与医疗健康服务，构建成都市体育健康脉动场景，放松身心。

5. 文艺风尚品鉴场景

结合博物馆、艺术馆、图书馆、书店、音乐厅、影剧院、咖啡馆等多元文化空间，发展文化消费、艺术品交易、戏剧话剧、音乐会、全时书店等业态，为市民提供丰富多彩的文艺文化服务。

（四）打造公园城市文旅场景

旅游是生活的一部分，尤其是美好生活的重要内容。随着物质条件的不断改善，我国人民对精神文化的追求越来越高，文化旅游产业的发展潜力越来越大。成都的大熊猫、古蜀文化、三国文化、诗歌文化、休闲文化、美食文化、时尚文化等特色文化旅游资源具有很高的国际辨识度与影响力，同时其全球区位优势与双机场航空优势使其成为连接大藏区、大九寨、大峨眉、大香格里拉等世界级旅游资源的国家旅游枢纽城市，为建设世界旅游名城奠定了良好基础。

结合《成都市国土空间总体规划（2020～2035 年）》与《成都市"十四五"旅游名城和音乐之都建设规划》，突出公园城市特色，充分发掘成都市各类文化与旅游资源禀赋，构建都市文旅综合游、文化遗产游、山地度假游、运动休闲游、乡村野趣游等覆盖全域的文旅场景体系，推进文旅深度融合，发展大众旅游、智慧旅游，进一步提升城市生活品质，建设世界旅游名城。

1. 历史文化与现代时尚交融共生的都市文化旅游场景

围绕锦江区、青羊区、金牛区、武侯区、成华区和天府新区、高新区"5+2"区域历史韵、国际范、市井味、烟火气的现代都市特质和天府绿道、传统街巷、时尚街区、文博场所等文化旅游资源及成熟的交通、商业、产业基础,构建以天府锦城、锦江公园、环城生态公园为主体的综合性都市文化旅游场景。依托都市核心区的文化义博、创意设计、数字影视、音乐演艺、游艺娱乐等,打造文化体验、购物休闲、美食品鉴、商务会展、潮玩娱乐、景观观赏等一体化发展的国际化现代化都市文化旅游核心区,释放成都历史文化与现代时尚交融共生的国际消费中心城市魅力。

2. 历史文化遗产与博物馆交融的特色文化遗产旅游场景

依托都江堰世界遗产和大邑世界级博物馆群落两个支撑级,结合东华门、宝墩、邛窑等考古公园,成都博物馆、武侯祠、杜甫草堂、成都自然博物馆等160家国有和非国有博物馆,川剧艺术中心、天府锦绣工坊、文殊坊、安靖蜀绣公园、锦门丝绸文化特色小镇、怀远藤艺等非遗特色,以及红军长征邛崃纪念馆、邛崃苏维埃政府旧址、大邑横山岗红军战斗遗址等红色革命资源等,建设融合历史文化遗产、博物馆等相交融的特色文化遗产旅游场景,重点发展遗产观光、研学体验、旅游演艺、康养度假等旅游产品,建成成都文旅经济发展核心区和巴蜀文旅走廊的创新策源地、重要增长极。

3. 人与自然和谐共生的山地度假旅游场景

结合宝山、龙泉山、龙门山等山地区域,加强生态保护与修复,依托优美的自然风光和富集的历史文化资源,以创建国家级、省级度假区为依托,重点打造山地运动、户外探险、森林康养、冰雪温泉、避暑度假、文化体验、低空旅游等旅游产品,构建人与自然和谐共生的山地度假旅游带。

4. 追寻城中野趣的公园绿道露营场景

根据《成都市公园（绿道）阳光帐篷区开放试点方案》，依托成都市绿色空间的资源禀赋，充分发挥成都市各类公园及绿道的生态服务价值，积极搭建城市自然资源与居民休闲生活之间的桥梁，大力推进城市近郊露营场景的营造。将城市内及近郊区域面积大于1000平方米的公园及绿道的草坪或林下空间作为阳光帐篷区开放试点区域。同时应加快完善公园及绿道的标识系统，并配备便民、运动、娱乐等公共服务设施，以满足城市居民的户外活动需求，使城市居民足不出户即可享受旷野露营的快乐，丰富城市居民的精神文化生活。

5. 充满田园野趣的乡村休闲旅游场景

在新都区、温江区、双流区、郫都区、新津区和其他区（市）县的川西平原地带，依托美丽乡村、川西林盘、特色小镇、观光农业等文化旅游资源，推动农商文旅体融合，着力挖掘活化地域民俗文化，提升服务品质，优化旅游环境，大力发展旅游民宿集群，重点发展农事体验、乡野美食、康养休闲等旅游产品，打造寻找乡愁记忆、充满田园野趣的乡村休闲旅游带。

6. 文化与科技融合的数字化文旅场景

加快推动文旅行业数字化智能化，促进产业与前沿科技、数字经济深度融合，推进新技术深度应用，大力引导和培育网络消费、智能消费等新模式，构建云票务系统、智能导览、智慧餐饮系统、智慧停车系统、智慧民宿系统、手信电商系统等数字化在线业务，整合景区周边吃住游乐购资源，推动景区门票、酒店、餐饮、零售等业态的线上线下一体化流转，提升用户旅游体验。

第四章　构建生产导向的公园城市场景

　　生产导向的城市场景是公园城市的微观"造血"细胞，从场景、系统、公园城市逐级递进，综合形成公园城市有机体。阿里研究院2022年发布的《数智未来共赢增长：跨业务多场景开辟商业跃升新空间》报告认为，"当消费旅程、消费行为分散在线上线下的各个场景中时，谁能更加高效地在更多场景中敏锐感知和实时满足消费需求，谁就掌握了引爆消费潜力、承接内需扩大红利的发展先机"。与此对应，在生产场景的供给上，包括从倡导产业科技创新、营造由数量向质量转变的生产场景，到鼓励支持人员技能提升、营造生产技术变革生产场景，以及引导发展特色优势产业、营造具有竞争优势的生产场景，由此为绿色低碳循环经济体系的构建添砖加瓦，落实践行"绿水青山就是金山银山"的发展理念，构建生产场景导向的公园城市建设。诸如此类，可见生产导向的场景营造凸显了公园城市与产业重塑重构的互动融合，以公园形态重构产业空间、以重塑产业业态架构公园城市，推动"三生一治"与场景营造的共融发展。

　　从理论到实践，从试验到应用，场景营造成为成都新时代叙事有序铺展的重要环节，通过创新场景供给，不断为人民的美好生活创造新体验，为产业转型升级和企业创新创造搭建新舞台，为城市的高质量发展打造新空间。例如，园区运营管理的数字化智能化转型，让园区企业服务更有"数"；无人机搭配智慧农业，成了种田好帮手。在成都"场景营城"理念下，从城市到农村、从园区到农田，一个个智能生产场景的构建，无不体现传统产业数字化、智能化改造与新兴产业高端化、网络化发展对产业转型、融合发展的赋能。同时，场景也在改变着成都的经济地理，使公园城市与国家中心城市有了美妙的相遇，更为高质量发展背景下深入推进智能化、集群化、园区化、企业化的生产场景提供了成都经验和成都案例。以"场景"供给为突破口，切实解决供需双方衔接不顺的堵点痛点，为新兴技术的产业化实践、传统产业的转型升级、生产与消费的供需端衔接等提供可能性。

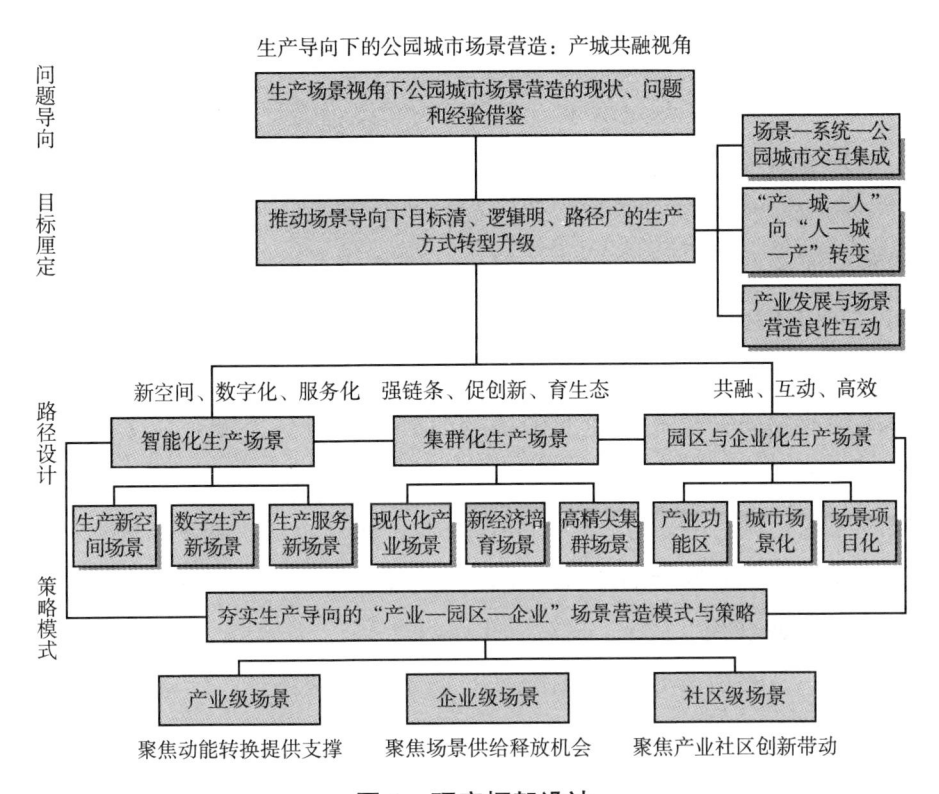

图 1　研究框架设计

一 生产场景视角下公园城市场景营造的现状、问题和经验借鉴

（一）现状分析

"新经济"最早见于 2016 年的国务院政府工作报告，发展新经济、培育新动能被确定为促进区域发展、产业转型的战略手段，乘此东风，成都率先以新经济布局为抓手，以场景营城策略为支撑，围绕场景供给、产业转型、消费引导等目标导向，探索疫情影响与经济新常态背景下的城市发展路径。回顾近年探索，生产场景视角下公园城市场景营造经历了理论探索、实践应用和优化提升等发展阶段。

1. 理论探索

2017~2018 年，成都围绕新经济发展领域，广泛吸纳国内外前沿理论研究与实践探索经验，提出"筑景成势营城"的顶层设计导向，并构建起"1（定义）2（融合）3（转变）4（特征）5（路径）6（形态）7（场景）"的发展逻辑路径，"场景"的理论和实践探索为解决产业发展失衡和失速的困境与瓶颈提供可行方案，在生产、生活、生态以及居住、工作、环境等宏中微观不同层面的权衡与协同中实现"人、城、境、业"协调和谐发展，亦标志着成都在以场景营城为路径推动产业发展的领域形成理论基础。

2. 实践应用

2019~2020 年，成都围绕生产场景、消费场景、治理场景等将场景营城策略落地应用，创新构建出"城市机会清单"发布机制、"场景营城产品赋能"发布机制等场景供给的具体实施方案，通过场景项目化、指标化、清单化的工作模式，将新经济、场景营造与城市发展、产业所需、企业所求无缝衔接，以生产场景构建为导向，引导要素汇集到新经济发展领域或传统产业转型创新领域等，加速了产城

共融发展下公园城市场景营造。

3. 优化提升

2021年以来,成都围绕美好生活、智能生产、宜居生态、智慧治理综合构建出城市场景体系,并以"城市场景机会清单＋创新应用实验室＋城市未来场景实验＋场景示范"的一揽子解决方案,构建释放资源、创新研发、中试孵化、应用试点等组成的场景联动机制,将场景营造切实为新技术、新业态、新模式的融合创新提供系统初试等"试验作用",作为市场前景、应用可能等前瞻性的模型实测和政策制定的复合载体。在区域发展上,围绕成渝地区双城经济圈、成都都市圈等区域协同发展战略,围绕公园城市示范区的建设编制"7＋N"应用场景规划和年度供给计划,为企业的发展提供海量的机遇、为市民的生活提供丰富的体验,实现从场景营城的战略实践跃升至场景城市的内涵升华。

城市场景机会清单 链接新场景 解决"找得到"问题	由单向"给优惠"、线性配置资源向跨部门协同建立统筹机制、为企业对接市场"给机会"转变。 将场景营造作为推动治理转型的重要契机和试验场,探索项目化、指标化、清单化的公共服务类型创新,主动释放要素资源。 梳理汇集和逐一筛选、甄别细分领域场景供需信息,建立覆盖科技创新、企业引进、人才培育、税收优惠等政策体系的城市场景机会清单落地机制。
"两个实验室" 孵化新场景 解决"能落地"问题	"创新应用实验室",旨在聚焦试点项目的场景创新环节,发挥龙头企业引领作用,瞄准人工智能、量子计算、区块链、网络协同制造等关键核心技术开展市场化应用攻关,为场景创新提供技术支撑。 "场景应用实验室",由企业独立或牵头组建,聚焦场景试点试验环节,围绕智能生产、美好生活、宜居生态、智慧治理等领域,开展新技术、新模式、新业态融合创新的场景实测,成为验证商业价值、评估市场前景的前瞻性实验空间和弹性(包容审慎监管)政策的复合载体。
场景示范工程 示范新场景 解决"易推广"问题	通过"场景示范工程"发布支持名单,集中推出一批验证充分、技术成熟、具有核心竞争力和商业化价值的示范产品(服务),打造高识别性示范场景和开展集群创新,推动硬核技术和创新产品应用落地。 将"场景"作为一种更优质的提升城市能级、推动城市战略转型和重塑城市竞争优势的资源配置手段,以应用场景机会化营造激发城市发展新动能,推动"城市场景"向"场景城市"全方位跃升。

图 2 场景"组合拳"含义

4. 取得的成绩

截至 2021 年底，成都独角兽企业数量从 0 到 9，新经济企业累计注册突破 58.3 万家，22 家新经济企业成功上市及过会，实现新经济营收总量、增加值分别达 2.1 万亿元、5266.5 亿元，同比增长 26.8%、18.5%，可圈可点的成绩单背后，是"全景化"应用场景营城实践在成都的生动开展。成都以新场景规划、营建、运营为场景供给的主要方式，分领域、分形式应用场景试点供给，推进"城市场景"到"场景营城"迭代演化。截至目前，成都已举办十余场"场景营城产品赋能"双千发布会，面向社会持续发布 1050 个新场景、1193 个新产品，释放场景营城项目投资近 6400 亿元，吸引社会资本近 900 亿元，合计发布 8 批次近 3000 条供需信息，并成功对接近 1500 条，"城市机会清单"入选 2020 年国务院办公厅深化"放管服"改革优化营商环境第一批拟推广十大典型经验做法；建立"创新应用实验室"，开展市场化应用攻关，为场景营造确立规范接口和应用规范；建立"城市未来场景实验室"，开展技术、业态、模式的可行性实测和市场化验证。例如，在数字经济领域，2016~2020 年成都累计拓展数字人民币试点场景 3.5 万个，新增白名单用户 356 万个，在全国首批试点中均名列榜首。

（二）当前存在问题

场景营城逐渐渗透并融合至成都公园城市建设的各大领域，但营建中不可避免出现效率、公平、风险、路径、战略、创新等问题，基于产城共融视角分析公园城市生产场景营造问题，有助于不断优化调整场景营城的路径和方式等。

1. 效率难以保证

生产导向场景建设中政府往往倾向于物联网、5G、大数据、人工智能等现代科技应用类项目，政府的倾向性与市场的自主性需要磨合统一，部分场景应用项目存在效率难以保证的问题，"徒有其景"

或"场与景分离"的项目,过于消耗"场景"的概念而难以落实切合场景与产业融合的要求。

2. 公平易遭忽略

无论是政府、产业还是企业层面均侧重于扶持效益优、短平快的应用场景项目,久而久之会导致行业发展失衡、弱势产业恒弱等问题。具体而言,新经济领域的支持政策、要素投放等备受关注,在城市场景机会清单、"两个实验室"、场景示范工程等方面有充分的保障,孵化出一批以新兴技术研发应用为代表的企业,然而对于农业等相关行业的政策扶持明显不足。在"零和游戏"和"马太效应"的作用下,被政策"冷落"的市场主体举步维艰。

3. 风险持续存在

场景项目建设中易对科技金融融合发展的行为放松约束,市场侵权等现象时有发生,同时,信息安全防护工作仍有提升空间,存在存储介质数据泄露风险高、安全"后门"问题较为突出、"免疫系统"功能薄弱等问题,一旦出现信息泄露、数据丢失等安全问题,会对社会造成实质性影响。北京、上海、杭州等城市较早出台应对风险的预防措施,但成都对于数据公共安全防控仍处于起步阶段,过度倾向数据价值要素和大数据开发应用,存在数据管理安全隐患。

4. 路径浮于意象

前述的"1234567"路径是孕育场景营城的源与本,其中路径1～6偏向于新经济的内涵、思路阐述,而实际落地的策略较少,"七大应用场景"中分为提升实体经济的服务能力等目标维度、推进智慧城市建设的过程维度、推进现代供应链创新应用的理念维度等,因此场景实现的路径设计亟须体现城市特色和定位。

5. 应用场景数量不够丰富、内涵不够多样

城市场景机会清单、"两个实验室"、场景示范工程等均是将"场景"行业化、项目化,通过"造景"推动实现"营城",对"场景"

的认识与理解集中在创意丰富、层出不穷的表层场景，而对于场景的本质支撑"要素"却关注不足，而要素才是支撑场景发育发展的根基。

6. 智能化程度不足

成都各区（市）县信息化环境、网络基础设施、区域信息与数据规模和质量、应用系统等条件参差不齐，同时，基础设施智能嫁接滞后，智能化运行管理的支撑力度有限，难以实现信息技术与城市各功能模块的深度融合，基本的信息采集无法全面铺开，后续的信息处理和基于信息的城市全面智慧治理难度大。因此，场景营造存在市场应用不匹配实际需求、社会效益不明显、线上线下互动支撑体系待完善等问题。以智慧城市场景营造为例，部分场景数据库搭建、场景可视化等工作缺乏对规划、建设和运维的实际支撑，导致技术研发脱离城市发展规律与基本业务需求，制约了智慧城市应用的实效性；城市智慧应用场景开发不够，尤其是面向超大城市的社会治理、政府决策、公众服务、市民生活的智慧应用场景有待丰富，公众对数字化变革的参与感、获得感有待提高。

（三）国内外经验借鉴

近年来，城市发展由"资本＋土地"的空间生产逻辑转向"人＋空间"的人居环境营造逻辑。纽约、新加坡、伦敦等全球强一线城市能力建设的关注点已从金融资本控制能力，逐渐向创新能力及与其相关的人力资本、创业环境、基础设施等领域转移，场景以其厚植高品质宜居优势，提升国际高端要素运筹能力，构建支撑高质量发展的现代产业体系、创新体系、城市治理体系等，成为以场景营城作为培育新动能的路径考量。综观全球产业发展史，应用场景在从技术研发到规模化应用"0－1－N"的进阶演化过程中一直扮演着重要角色，每个行业、企业在技术生命周期的不同时期、特定阶段都有自身特定的场景诉求。场景供给同样应遵循技术和产品生命周期规律，从技术端链接突破、应用端孵化示范、生态端优化协同依次发力,对处于设计、验证、推广等不同阶段的产品项目给予差异化的场景支持,探索覆盖全生命周期的场景供给闭环。

2012年纽约从场景营造角度开始对高线公园等场所进行功能更新从而推动旧城保护与利用;2014年伦敦针对"地方性格和情境"制定了城市专项规划并获得经济上和美学上的双重功效;2018年上海开始发布人工智能应用场景计划;2019年北京发布十大应用场景;2019年浙江提出九大未来社区场景;2020年广州公布首批十六个优质应用场景等(见表1)。这些做法在世界范围内推动了"场景营城"实践的发展。在"场景+产业"方面,日本于2016年发布的《第五期科学技术基本计划》首次提出"社会5.0"(Society 5.0, "超智能社会"),该计划以社会需求、社会问题为出发点,采取物联网、大数据、人工智能、机器人等新技术推动城市转型升级,在提升产业能级的同时,有效应对少子化、高龄化以及环境、能源、教育、医疗等社会问题,实现"技术+场景"有机耦合,提升日本社会活力。

表1 全球城市"生产+场景"营建经验

城市	时间	场景营建实践
纽约	2012年	从场景营造角度开始对高线公园等场所进行功能更新从而推动旧城保护与利用
伦敦	2014年	针对"地方性格和情境"制定了城市专项规划并获得经济上和美学上的双重功效
上海	2018年	发布人工智能应用场景计划
北京	2019年	发布十大应用场景
杭州	2019年	九大未来社区场景
广州	2020年	公布首批十六个优质应用场景

二 推动场景导向下目标清、逻辑明、路径广的生产方式转型升级

（一）锚定场景导向，实现场景—系统—公园城市交互集成的目标

明确生产导向的场景营造新理念。场景是各种要素有效汇集、协同作用、价值创造的既有独立性又有关联性的单元体，是城市空间功能的重要载体、公园城市的组成细胞，并进一步形成"三生一治"的典范工程，具有功能性、层次性、开放性、人本性、生产性、系统性、资产性等基本特性，以及识别易、策划全、体验好、消费佳、投资兴、运营顺的基本特征。而秉持场景营城理念营建生产导向的城市场景，通过场景能级跃升、场景体系丰富、场景供给多元等路径，推动"城市—场景—项目"的链式关系，构建面向未来的生态融合场景、康养医疗场景、教育培训场景、低碳出行场景、文旅消费场景、创新创业场景等组成的多尺度多维度场景体系，有助于加快经济发展方式转变。

明晰生产场景与公园城市建设的关系。基于自下而上的视角，场景是公园城市的微观构造，场景、系统、公园城市逐级递进，场景是细胞，汇聚成各系统组织架构，综合形成公园城市有机体。从场景到系统，需要营造生产场景，大力倡导产业科技创新，营造由数量向质量转变的生产场景；鼓励支持人员技能提升，营造生产技术变革生产场景；引导发展特色优势产业，营造具有竞争优势的生产场景；借助绿色低碳循环经济体系的构建，营造"绿水青山就是金山银山"的生产场景。从系统到公园城市，需要构建宜业生产体系，推动公园城市经济高质量发展。基于自上而下的视角，公园城市是场景的交互集成，公园城市、社区、场景逐级细化。社区是城市组成的基本单元，从场景的角度看，不同的社区是各类场景的交互集成，可分为城镇社

区、产业社区和乡村社区,是体现高水平发展、高品质生活、高效能治理的基本单元。

(二)创新场景营造,实现"筑景成势营城聚人"的目标

公园城市必须面对并重视"人与产业双向赋能"的作用,因此,成都在公园城市示范区建设中需要切实落实产业立城、兴城。突出"生态为基、产业兴城、场景聚人"理念,从城市公园转向公园城市,从空间设计转向场景营造,突出人、城、境、业协调统一。与"土地出让—招商引资—配套建设"的传统发展模式不同,成都公园城市建设着眼于"筑景成势营城聚人",通过公园、绿道、公服设施、基础设施的先期投入,带动城市整体发展,借助优美环境营造和配套设施完善吸引人才等要素的迅速集聚,带动城市整体发展。

公园城市承载着人们对美好生活的向往,不同于单纯的物质空间建设,公园城市营建从人民群众的感受出发,更偏向于多元功能融合、多样活动植入、丰富设施建设等满足人群需求,借助公园城市建设重构生活与生产场景,并推动生态场景与生产和生活场景渗透叠加。

(三)谋划场景路径,实现产业发展与场景营造良性互动的目标

以"场景应用"理论厘清产业发展新逻辑、以"场景构建"路径探索经济发展新思路、以"场景营城"理念构建全域发展新格局。不同于要素驱动型的传统产业促进模式,场景营城是对于城市生产、流通、消费等环节优化重构的过程,通过丰富的应用场景培育和供给,为企业发展提供新机会、新需求、新场景,推动产业裂变重生、业态迭代衍生、模式融合创新,从而形成支撑城市发展的场景矩阵,提升资源配置的效率和质量。

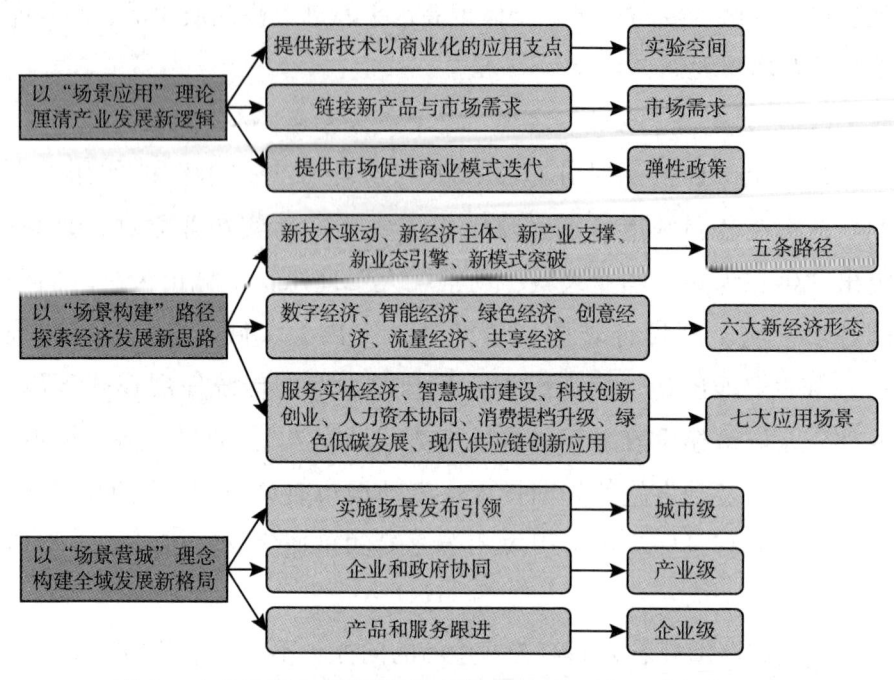

```
以"场景应用"理论     提供新技术以商业化的应用支点  →  实验空间
厘清产业发展新逻辑   链接新产品与市场需求          →  市场需求
                    提供市场促进商业模式迭代       →  弹性政策

以"场景构建"路径    新技术驱动、新经济主体、新产业支撑、    →  五条路径
探索经济发展新思路  新业态引擎、新模式突破
                   数字经济、智能经济、绿色经济、创意经    →  六大新经济形态
                   济、流量经济、共享经济
                   服务实体经济、智慧城市建设、科技创新
                   创业、人力资本协同、消费提档升级、绿    →  七大应用场景
                   色低碳发展、现代供应链创新应用

以"场景营城"理念    实施场景发布引领    →  城市级
构建全域发展新格局  企业和政府协同      →  产业级
                   产品和服务跟进      →  企业级
```

图3 产业发展与场景营造良性互动的理论、路径和理念

三 构建新空间、数字化、服务化的智能化生产场景

（一）推进产业建圈强链，建设生产新空间场景

以新场景、新空间为抓手优化生产新空间场景营建。空间布局上，引导一、二、三产业合理分布于中心城区、城市新区和郊区新城等，推动生产场景导向的公园城市建设。营造产业生态圈协作场景，引导产业生态圈头部企业设立功能性总部，开展产业协作协同、技术联合攻关，培育资源要素汇集、产业上下游合作、供需端衔接通畅的区域经济新形态。营造产业园区建设场景，创新产业园区专业化运维机制，建设产城一体新型产业社区，构建生产、生活、生态功能有机

融合的城市新空间。

以场景营城战略推动公园城市与新经济融合发展。规划设计高品质科创空间场景，规划建设集研发设计、创新转化、产业培育、生产服务于一体的科创空间，搭建公共技术服务功能性平台，为科技研发、产品创新、产业化转移提供"一站式"科技服务。围绕新经济与场景应用融合发展，以绿色低碳循环发展的公园城市优势，组织产业空间优化布局，引入并培育环境友好、绿色环保等高端服务产业，推动"公园＋"新经济形态与场景新形态互相促进。大力推进生态价值转化机制构建，以"风景经济"为导向，规划建设生态价值转化机制典型实践区和转化场景系列。

（二）强化数字产业生态和应用场景示范融合，构建数字生产新场景

构建数字产业化融合场景，以供需衔接为核心推进产业链的精准对接，围绕"芯屏端软智网存"等核心技术，推动云计算、大数据、物联网、人工智能、增强现实、工业互联网等数字经济重点产业发展，加快工业互联网创新发展，支持规上工业企业通过开展数字化诊断、生产过程数字孪生等方法实现数字化改造，鼓励传统产业充分联合互联网平台、金融投资机构、行业促进协会等开展先行先试，鼓励企业将研发设计、生产制造等核心业务向平台迁移，打造"研发＋生产＋供应链"的跨领域数字产业化融合场景，形成大中小企业联动发展、上中下游企业跨界融合的数字产业集群。

专栏一　5G场景助力成都"国家数字经济创新发展试验区"建设

成都从2017年逐步开启5G的网络测试以及建设，2022年将建设5G基站4万个以上，实现城区重点区域5G网络连续覆盖以及重点城镇以上5G网络全覆盖；在5G生态方面也在逐渐形成器件、测试测量、精密加工等硬件以及操作系统、云平台、数据库的产业链。

面向"国家数字经济创新发展试验区"的建设，成都已经探索出5G＋医疗、5G＋交通、5G＋媒体、5G＋智慧城市等形式，诞生了"二环高架5G精品环线""远洋太古里5G示范街区""5G无线家庭宽带示范小区""5G社区防疫系统"等场景。

典型案例包括：①中法成都生态园，依托5G低延时高可靠的特性，实现城市要素和部件的数据化感知，突出"AI＋园区"智能化场景配套建设，营造"AI＋5G＋自动驾驶"场景生态，策划布局5G与人工智能科技馆。②天府智能制造产业园，推动中国电信与成都银隆共建5G无人驾驶研究院，打造5G智能交通应用示范场景；依托中国电信四川分公司，探索建立5G装备产业园，逐步构建5G产业生态；与华为集团、西南交大联合成立"中国（成都）TOD＋联创中心"，把握新津站TOD综合开发契机，超前策划打造承载5G场景的城市底板，导入新经济产业及人群，构建5G产业创新生态，致力打造"TOD＋5G的公园社区"典范。

资料来源：《成都市5G产业发展规划纲要》。

推进产业数字化转型场景，依托云计算、大数据、物联网、人工智能、区块链、5G等新一代信息技术对传统产业实施系统改造，提高全要素生产率。推动工业数字化建设，加快工业领域数字化、智能化、绿色化融合发展，培育工业互联网应用新模式。推动传统产业数字化转型，创新落实企业"上云用数赋智"行动，擦亮"灯塔工厂"和"成都智造"等数字化制造品牌。推动服务业数字化改造，大力发展在线经济、流量经济，将数字技术广泛应用于金融、贸易、交通、物流、会展、零售等领域。推动农业数字化改造，将互联网、物联网、大数据等新兴技术应用于农业全产业链中，开展数字农业、智慧农机应用试点示范，促进农情监测、智慧动监、农产品质量安全溯源、农村经营管理等数字化场景应用。

专栏二　传统制造企业数字化转型服务场景
——傲林科技有限公司

投入大量资金买设备、采数据，却不知道这些数据怎么用——这是传统制造企业在数字化转型过程中经常遇到的难题。基于企业级数字孪生技术的数字化转型赋能平台，能够自动为钢铁企业给出原材料采购及库存物资优化的最优决策建议，让某家钢铁企业采购成本降低约3%、库存占用资金降低20%左右、吨铁成本降低65元/吨。同时，平台还可为其制订最优生产计划反哺生产线，帮助该企业实现最优的产品结构和最低的成品库存水位线，跨部门协同效率提升了80%、利润提升了5%。为钢铁企业构建"企业级数字孪生"，相当于让企业有了"虚拟大脑"。当企业信息化系统接入企业级数字孪生平台后，"虚拟大脑"会基于人工智能算法来分析这些数据，为企业生产经营做出智能决策。

资料来源：黄光红、夏元、杨骏等，《炫酷黑科技，闪耀智博会！》，《重庆日报》2021年8月24日。

搭建智能化生产应用场景，实施产业发展数字化与智能化融合示范行动，建设国家数字化转型促进中心，聚焦智能工厂、智慧化会展、智慧楼宇，大力提倡虚拟现实、三维打印、全息技术、AI智能互动等新兴技术的应用，创新推广个性化定制、智能制造、网络协同等场景模式，形成以标杆企业为龙头，数字化车间、智能工厂等为标志的智能生产场景。同时，以全国一体化算力网络成渝国家枢纽节点、人工智能大数据中心建设等为契机推进基础设施集群建设，加快工业领域数字化智能化绿色化融合发展，推进互联网通道升级扩容，强化国际性区域通信枢纽功能，切实落实数字基建场景的营造。

（三）推动人力、金融、技术、供应等多维度融合，建设生产服务新场景

营造人力资源协同场景，实施"蓉漂计划""产业生态圈人才计

划",编制发布成都人才开发指引和急需紧缺人才岗位图谱,精准招引海内外高层次创新创业人才。拓展"蓉漂人才码""成都人才服务码"应用场景,量身打造专业优质、功能集合的通勤、餐饮服务空间,培养"基础人才—中端人才—高端人才—企业家"多层次人才队伍。营造金融科技场景,加快区块链、大数据、人工智能等与普惠金融发展、支付结算创新、供应链金融建设等场景应用,深化数字人民币和金融科技创新监管试点,完善交子金融"5+2"平台功能(科创通、盈创动力、农贷通、天府融通、创富天府和地方金融监管平台、信用信息共享平台),构建线上线下"一站式"金融服务场景。

表 2　生产服务新场景

生产服务新场景	主要营建内容
数字化转型场景	①加快布局 5G 网络、数据中心等新型基础设施,推进传统企业数字化、网络化、智能化改造,开展工业互联网集成创新应用试点示范,推动工业互联网标识解析在电子信息、装备制造、绿色食品等行业应用,培育一批数字车间和智能工厂解决方案,构建"生产服务+商业模式+金融服务"的数字化生态 ②推进多层联动的产业互联网平台应用,引导平台企业、行业龙头企业整合开放数字基础设施、产业数据中台等资源,共建数字化技术及解决方案社区,开展柔性制造和智能化、无人化、定制化生产等示范应用,赋能中小微企业数字化转型
科技创新场景	①高标准规划建设中国西部(成都)科学城,积极创建综合性国家科学中心,布局重大科技基础设施集群,创建国家重点实验室、前沿引领技术创新平台等国家级重大创新平台,在核能与核技术、航空航天、信息技术和生物医药等领域开展基础研究和原始创新 ②鼓励企业、高校院所共建联合实验室、产业技术研究院、科技创新平台等,开展技术研发、检验检测、技术交易、创新孵化、成果转化等技术创新及应用,构建"技术—产品—商品"产学研协同创新孵化体系 ③重点聚焦中心城区和东进区域产业功能区,规划建设 1000 万平方米高品质科创空间,配套多层次产业创新载体,搭建公共技术服务等功能性平台 ④引培高附加值、轻资产特性的科创型企业、头部企业,开展高新技术、商务和生活配套服务,建设城市产业创新的策源地和聚集地

续表

生产服务新场景	主要营建内容
国际供应链场景	①加快完善"空中丝绸之路+陆上丝绸之路"立体大通道体系,实施国家多式联运示范工程,依托航空、铁路、公路等货运设施布局"四港六中心"物流节点,构建多维度、枢纽型、国际化、适配性流通体系 ②强化开放平台制度创新,以重点产业园区(集聚区)为载体,搭建行业供应链公共服务平台和供应链综合服务平台,建设大数据支撑、网络化共享、智能化协作的智慧供应链体系。加快推动西部金融中心建设,依托交子公园金融科技核心集聚区、天府国际金融科技产业园等载体,加快区块链、大数据、人工智能等技术在支付结算、供应链金融、数字货币、知识产权质押融资等领域的场景应用 ③积极推广交子金融"5+2"平台,大力实施"蓉易贷"普惠信贷工程,持续开展"交子之星"经济证券化倍增行动计划,不断完善多层次、广覆盖的科技型企业融资服务体系

2019年,成都采取滚动发布"全面建设机会清单+系列专项规划建设机会清单"形式,落地落实公园城市示范建设各项任务部署,属全国首创之举。2020年,在疫情常态化背景下成都聚焦产业发展和场景建设融合发展的机遇,面向国内外开展场景与产品双千发布会,通过产业赋能、场景营城的递进逻辑,创新、挖潜、释放经济发展动能。2022年,围绕建设绿水青山就是金山银山、城市人民宜居宜业、城市治理现代化的示范区,《公园城市示范区建设机会清单(首批)》划定生态、生活、生产、治理四大领域,发布了项目建设运营、企业(项目)招引、产业协作配套等十大类共1070条供需信息,投资估算5800亿元。其中,生产领域聚焦"着力激发公园城市经济活力,打造城市人民宜业的示范区",实施产业建圈强链等行动,投资估算2500亿元,涵盖深化结构调整推动生产方式绿色低碳转型、推进活力迸发的创新创业、"建圈强链"发展彰显竞争力的优势产业、

建设西部金融中心、打造国际门户枢纽城市、建设国际消费中心城市、营造国内一流营商环境、促进共同富裕等方面（见表3）。天府实验室、天府先进制造产业基地（一期）、川藏铁路技术创新中心、国家检验检测高技术服务业聚集区、天府国际空港综合保税区、成都中欧班列集结中心枢纽能级提升工程、成都国际商贸城等重点项目将释放巨大需求。

表3 生产领域建设机会清单汇总

需求类别	需求信息	重点领域	典型案例
项目建设运营	44条	深化结构调整推动生产方式绿色低碳转型	天府国际零碳绿洲，按照零碳园区标准，在建筑、交通、能源等方面实现绿色低碳，导入新能源汽车研发等低碳服务企业
企业（项目）招引	112条	推进活力迸发的创新创业	WiFi6生产研发总部基地，项目总占地面积146亩，共分为科研创新区和生产制造作业区。规划产品包含WiFi6智能网关路由器等智能硬件，设计规划年产能1亿台，年产值过百亿元
产业协作配套	45条	"建圈强链"发展彰显竞争力的优势产业	大邑双创平台，大邑沙渠街道处于大邑与崇州、新津交界处，距离第二绕城高速5公里。双创平台由大邑平台公司代建，拟建设标准化多层厂房、科研大楼、生活公寓、生活服务设施等，其中标准化厂房6.2万平方米，5层，层高6米，项目总体拟于2022年10月全部完工
产品（服务）采购	12条	建设西部金融中心	骡马市金融集聚区建设项目，依托天府文化公园和骡马市TOD建设契机，促进银行、保险、证券及其衍生机构总部和区域总部高度集聚，大力发展数字金融、文化金融，以现有楼宇和待开发地块为载体，加强主链建设，巩固和发展传统优势，着力打造成都市金融总部集聚区和成都市文化金融中心

续表

需求类别	需求信息	重点领域	典型案例
解决方案征集	4条	打造国际门户枢纽城市	天府国际空港综合保税区,总占地面积1084.5亩,总建筑面积约570000平方米,主要建设综合服务楼、办公楼宇、物流仓储、标准化厂房及配套设施工程等项目,计划分为三期建设,一期占地面积398亩,建筑面积20.8万平方米,主要建设海关大楼、综合办公楼、保税仓、查验设施和园区道路等
规划设计编制	7条	建设国际消费中心城市	天府国际智慧物流供应链产业社区(一期),打造以航空商贸服务为主,依托物流产业园,围绕跨境电商,集聚科创、孵化、商务办公、酒店、商业配套等核心功能,共计2个地块,建设产业办公区(科创空间)、邻里中心、酒店、租赁性住房、配套商业等
技术联合攻关	10条	营造国内一流营商环境	成都市"蓉易办"平台统一运维服务,四川政务服务成都市成华区分站点
人才	14条	促进共同富裕	对口支援炉霍,帮扶炉霍县巩固脱贫攻坚成效接续推进乡村振兴,建设高原现代农业产业园、高原现代林业产业园、高原农产品深加工产业园,打造"产在炉霍、卖在锦江"的产业合作典范,打造"平原+高原"文旅平台,联合品质旅行社、星级酒店宾馆开发锦绣炉霍高原文旅精品线,打造"锦江集散、炉霍游玩"的文旅合作典范

其中,以《成都市2022新经济赋能智慧蓉城城市机会清单》为例,其以"新经济赋能智慧蓉城"为主题,在全市范围内广泛征集智慧蓉城建设典型应用场景、新兴技术、智慧产品和解决方案,共发布

供需信息 321 条（包括政府需求信息 111 条，政府供给信息 46 条，企业协作信息 47 条，企业能力信息 117 条），旨在促进项目、场景、技术、需求有效对接，激发全市科技创新澎湃动力，加快数字技术赋能智慧蓉城建设。

专栏三　智慧蓉城应用场景实验室

　　智慧蓉城建设是开放、多元的系统，需要开放的视野和生态，需要多元主体共同参与，需要有效市场和有为政府更好结合。智慧蓉城应用场景实验室将着力搭建智慧蓉城专业能力介绍平台、供需对接平台等线上平台和算法超市、数据超市、场景超市三大产品超市，以及算法验证、数据验证和场景验证实验室三大线下实验室。例如，成都各个单位在智慧蓉城的建设中都布局了不少传感器。如何让这些传感器采集的数据推动更多的应用场景落地是一个共性的需求。算法超市可以给各单位提供各种类型和各个行业更有针对性的 AI 算法，满足不同行业用户算法方面的针对性应用需求。

　　构建智慧蓉城开放生态要以搭建开发平台作为载体支撑，一方面把创新成果引入各类应用场景，另一方面促进各类创新要素向企业集聚，实验室以助力智慧蓉城"N"个应用场景落地，整合集聚各类资源打造本地生态为建设愿景，希望通过智慧蓉城应用场景实验室，探索多元运营模式、共建机制，引导开放各类城市场景、产业场景，帮助企业验证产品技术成熟度和商业模式并实现城市级应用，为智慧蓉城建设发展注入新动能。

　　资料来源：彭祥萍，《智慧蓉城应用场景如何落地？创新灵感有了"试验场"》，《成都商报》2022 年 5 月 27 日。

四 建设强链条、促创新、育生态的集群化生产场景

(一) 围绕建圈强链加快构建现代化产业体系

通过产业链全景图谱、产业项目会战、全生命周期服务等创新方式推动制造业提质发展。强化电子信息、装备制造、医学健康、新型材料和绿色产品等五大重点产业，聚焦微笑曲线两端（如上游关键的芯片技术、科创核心企业、重大科学基础设施布局等），完善产业发展规划，参考先进地区经验确立产业链全景发展图谱，并制定促进产业发展的专项政策。构建产业项目会战机制，重点培育具有创新引领性的企业，实施"头部企业＋领军人才＋产业基金＋中介机构"组成的招商引智导向，夯实重点产业链"主要承载地＋协同发展地"的应用支撑。构建企业全生命周期服务体系，搭建"科创空间＋运营队伍＋创新创业＋服务平台＋孵化基金"的发展平台，强化生产性服务质量和水平。

通过产业融合发展、绿色金融创新、碳中和服务等创新方式推动现代服务业附加值提质增效。以前端研发设计与后端消费服务为特征的生产性服务业，推动制造业与服务业深度融合发展，以会展、金融、物流、文旅等为重点领域，与人工智能、大数据、5G等新一代信息科技相结合，推动成都生产性服务业高质高效发展。培育与壮大绿色金融机构，发展绿色信贷、绿色债券、绿色股权投资基金等"绿色＋金融"产品，争取创设国家级绿色金融改革创新试点。抢抓"双碳"发展机遇，抢先发展绿色低碳产业转型改造服务、产品认证服务、知识产权保护服务等，培育低碳绿色循环生产性服务业的供应商。

推动数字赋能新农业，科创助力乡村振兴。围绕"数字乡村"建设，促进"市民下乡、农业进城"实现农业4.0越来越成为乡村发展的路径之一，正推动农业向数字化、智能化方向发展，用数据链接生

产、运输、仓储、消费四端，构建"从田间到舌尖"的开放式数字化应用场景。以天府农业博览园为例，结合美丽乡村建设行动选址于成都西部，其以数字农博为抓手与乡村振兴、美丽乡村建设深度融合，培育以乡村产业发展为导向的新场景，产生了一批创新型、可复制、可推广的乡村振兴解决方案。例如，天府农业博览园引入了中国领先的音频分享平台——喜马拉雅提供"听见乡村"服务；帮助渔菜共生项目从家庭农场式循环农业向互联网农业转型跨界；以农博主展馆BIM系统为基础，依托新华智云、新华网、51WORLD等企业构建"室内展馆＋大田展区"元宇宙博览空间体系。天府农业博览园在发展过程中引导带团队、带项目、带流量、带资金的新型市场主体跨界乡村，推动乡村场景化、场景产业化，让乡村成为新经济发展壮大的机遇蓝海。

专栏四 "无人机＋智慧农业"数字化管理服务场景
——四川润地农业有限公司

以农业数字科技重塑农业生产流程和生产方式。2017年以来，润地农业有限公司在大邑县建设智慧农业园区，打造"无人机＋智慧农业"数字化管理服务场景，推进生产经营、管理服务、主体融资三大场景的智能化、数据化、在线化，为农户提供农场管理、农情监测、农资购买、农机作业、金融服务、粮食销售等全链条、一站式全方位服务。

采用无人机航拍、高清摄像头等物联网设备，对农作物生长环境、周期等各项指标进行监测，从灌溉到土壤变异，再到肉眼不可见的病虫害、细菌侵袭，依托"吉时雨"数字农业服务平台进行大数据分析，发现问题后经"吉时雨"手机App反馈给入驻平台的种植户，提出应对策略。平台全面记录粮食育苗、种植、收割、加工、包装、销售等各个环节，解决粮食从"农田到餐桌"源头信息追溯和质量控制,而对相关农情信息与数据进行分析,还能高效服务农业灾害调查、农业补贴、农业保险和融资等工作。

资料来源:《手握"新农具"成都大邑县农户耕出千亩"智慧田"》,光明网,2022年7月25日。

(二)坚持创新驱动不断增强新经济培育力度

坚持"智造+互联"的产业数字化战略,加大以先进制造业为引领的新经济培育力度。以"芯屏端软智网"六大核心要素构建产业生态圈,深化基础支撑—数据服务—融合应用链条式的大数据相关产业发展,以此为依托建成成都智算中心等基础设施,推动成渝国家枢纽节点在建设完善"东数西算"全国一体化算力网络中奠定基础。实施产业数字化赋能行动,围绕产业建圈强链开展数字化提升,在企业层面形成"成都智造"的响亮牌匾,在产业层面推动互联网、物联网、大数据等新一代信息技术与产业绿色、低碳、循环提升融合发展,通过智能制造、智能工程、智慧园区等为"上云用数赋智"行动贡献力量。

专栏五 公园城市智慧场景全景切片——天府牧山数字新城

沿地铁轴线布局天府牧山数字新城,聚焦"数字孪生+人工智能",培育发展以数字为特征的新经济产业集群。依托天府牧山数字新城,规划建设6平方公里"TOD+5G"公园城市未来社区,形成"一核一轴一带",即新津站智能产业创新集聚核、"3E"公园城市场景沉浸轴、杨柳河生态人文价值转化带。从新津站到杨柳河,在一条1.3公里长的城市绿廊里,将植入智慧商业、智慧办公、智慧游憩、智慧生活、智慧交通等场景,导入数字新基建、数字内容等新兴产业及人群,呈现公园城市智慧场景全景切片。数字新城的投资潜力吸引了众多行业领军企业、隐形单打冠军。当前,腾讯云启、广联达、复安科技、51WORLD、蓝城、旭辉、通航数字气象、斯维登科技、东软教育、天象产城等一批龙头型、平台型、功能型项目已经落户。

资料来源：锐理数据总部新媒体中心，《新名片＋新机会！天府牧山数字新城迎"TOD＋"数智城市风口？》，腾讯网，2022年3月25日。

表4 新经济培育与场景营造重点（部分）

产业门类	场景营造要点		
（一）重点培育优势赛道	以应用场景供给加速技术创新价值转化利用，将技术优势转化为产业优势，以持续技术创新保持领先地位		
1. 技术型优势赛道			
无人机	加速培育无人机货运、无人机＋消防、无人机＋农情精准监测等示范应用场景	深入挖掘沉浸式飞行体验、无人机航拍、无人机赛事等场景消费潜力	依托成都淮州机场、丽春航空动力小镇高标准建设5G网络、人工智能、云平台无人机应用场景试验基地
网络信息安全	重点打造车联网安全、物联网安全和智慧城市安全等新场景，全面推动重点领域规模化、集群化发展		
金融科技	推动消费金融信贷模式创新，拓展移动支付应用场景，推动数字人民币商圈、特色餐饮、商超连锁、电商平台、公共交通等特色场景应用		
2. 禀赋型优势赛道			
现代时尚	依托交子公园金融商务区、春熙路时尚活力区、成北新消费活力区等产业功能区，推动黑科技、次元壁、川剧、蜀绣等元素与"首秀""首展"深度融合。升级打造一批时尚产品发布、展示、消费的特色场景		
智慧体育	支持重点企业打造一批综合门户类体育平台、专业性体育平台、体育社交类平台，构建覆盖家庭、社区、园区和城市的居民科学健身、智慧体育竞训与康体服务等智慧体育新场景		
数字文旅	创新休闲旅游产品，打造一批融合公园城市元素、熊猫元素、竹元素、世遗元素、文博元素、雪山元素与数字科技的智慧旅游街区，依托"5G＋8K"、VR、AR、MR技术打造云旅游等沉浸式旅游新场景		
（二）大力支持基础赛道	以夯实产业基础支撑能力为根本，加大核心环节自主研发与创新力度，推动产业链自主可控、供应链顺畅协作，大力支持支撑型、平台型和民生型基础赛道，构筑城市经济发展坚韧安全网		

第四章 构建生产导向的公园城市场景

续表

产业门类	场景营造要点
1. 支撑型基础赛道	
集成电路	打造智能电网、智能交通、智慧物流等新兴应用场景,加快新技术、新产品、新应用的场景实测和落地转化
2. 平台型基础赛道	
工业互联网	面向特定行业和特定场景,培育一批覆盖制造关键环节的工业软件企业
区块链	聚焦城市治理、政务服务、新消费、跨境贸易、智能制造、智慧农业、智慧教育、智慧医疗、金融服务、知识产权等领域,打造一批具有成都IP的区块链示范应用场景
3. 民生型基础赛道	
智慧医疗	依托成都天府国际生物城、白鹭湾新经济总部功能区、李冰文化创意旅游产业功能区等产业功能区,集聚一批互联网医疗、健康医疗大数据、远程医疗、健康管理等领域重点龙头企业,打造一批AI辅助诊疗、5G+远程会诊、5G+急诊救治等示范应用场景,着力发展人工智能+医疗、互联网+医疗、智慧康养等新兴业态
智能家居	支持成北新消费活力区加快建设智能家居消费体验中心。以短视频、电商直播等形式进行场景化产品推广,创新打造"智能家居+家庭智慧康养"等应用场景
(三)前瞻布局未来赛道	以科技创新驱动经济高质量发展为着力点面向国家竞争、城市未来、科技前沿布局战略型、人本型赛道,抢占城市未来"制高点",增强城市发展"可塑性",全面提升城市竞争新优势,在全球创新网络和产业分工格局中占据有利位势
1. 战略型未来赛道	
6G通信	以关键技术突破、试点应用为重点依托成都电子信息产业功能区、成都未来科技城等产业功能区,探索建设6G网络通信试验场。鼓励运营商、科研机构和龙头企业围绕通信感知一体化技术与应用、新型频谱使用技术、算力感知网络、星地一体融合组网、通信感知一体化标准、同感融合使能应用场景等重点问题开展技术研究与验证,全面布局6G关键技术、频谱规划和标准研制,形成全球领先优势。鼓励通信设备头部企业联合电子科技大学智能网络与通信研究中心等科研机构,共同研制6G通信器件、天线和射频芯片等硬件设备。推进6G通信在进阶智能工业、全息通信、全域应急通信抢险、人体智能孪生等领域的试点应用,探索新的应用场景、业务形态和商业模式

续表

产业门类	场景营造要点
2. 人本型未来赛道	
XR扩展现实	引育一批传感器、摄像头、显示屏、光学器件、API开发工具等领域企业，加快研制一批面向重点行业领域、特定应用场景的XR终端设备。深度挖掘XR技术在娱乐消费、智能制造、远程医疗、教育培训等领域的颠覆性创新应用场景，融合打造"VR游戏、虚拟偶像、云旅游"等元宇宙内容产品，加强场景示范效应，在全国率先形成XR产业生态

（三）创新场景营造大力发展高精尖产业集群

以科技创新为引领构建现代产业体系，为企业提供创新应用场景。依托西部科学城的天府实验室、"一带一路"联合实验室等重要高端产学研发展引爆点，提倡创新策源、推动高端引领、迈向全球价值附加值高环节。推进国家数字经济创新发展试验区、国家新一代人工智能创新发展试验区建设与智慧蓉城建设深度融合，聚焦智能基础设施、运行管理平台、智慧化应用场景等建设项目需求，面向国内外企业定期发布更新城市机会清单，为企业提供创新应用场景。统筹布局国家级创新平台，包括国家技术/产业/制造业/临床医学创新中心等，整合增强"研发设计—中试验证—成果应用"等环节，如依托国家临床医学创新中心打造未来医疗技术创新转化园区，依托川大、电子科大和中科院成都分院、中国核动力研究设计院等高水平高校与科研机构，借助国家川藏铁路技术创新中心、国家精准医学产业创新中心等高水平平台，推动产业研发与市场需求充分衔接，推动基础科研成果迅速转化，为产业转型升级提供抓手（见图4）。

以绿色低碳产业集群为着力点，重塑生产方式与空间布局。以产学研一体化为产业生态圈培育的重点，着力发展新材料制造、新能源

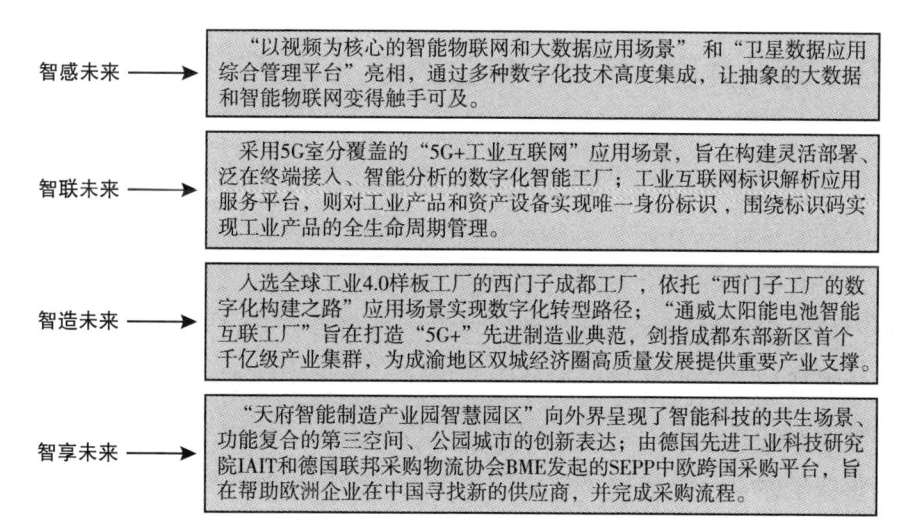

第四章 构建生产导向的公园城市场景

智感未来 → "以视频为核心的智能物联网和大数据应用场景"和"卫星数据应用综合管理平台"亮相，通过多种数字化技术高度集成，让抽象的大数据和智能物联网变得触手可及。

智联未来 → 采用5G室分覆盖的"5G+工业互联网"应用场景，旨在构建灵活部署、泛在终端接入、智能分析的数字化智能工厂；工业互联网标识解析应用服务平台，则对工业产品和资产设备实现唯一身份标识，围绕标识码实现工业产品的全生命周期管理。

智造未来 → 入选全球工业4.0样板工厂的西门子成都工厂，依托"西门子工厂的数字化构建之路"应用场景实现数字化转型路径；"通威太阳能电池智能互联工厂"旨在打造"5G+"先进制造业典范，剑指成都东部新区首个千亿级产业集群，为成渝地区双城经济圈高质量发展提供重要产业支撑。

智享未来 → "天府智能制造产业园智慧园区"向外界呈现了智能科技的共生场景、功能复合的第三空间、公园城市的创新表达；由德国先进工业科技研究院IAIT和德国联邦采购物流协会BME发起的SEPP中欧跨国采购平台，旨在帮助欧洲企业在中国寻找新的供应商，并完成采购流程。

图4 产业集群创新应用场景的智能化方向

汽车、光伏、锂电等。参考上海经验形成低碳产业发展地图，展示应用数字技术和场景互动，优化产业空间布局，增强资源环境匹配度，形成多元化呈现现代都市的低碳生产生活方式（见图5）。

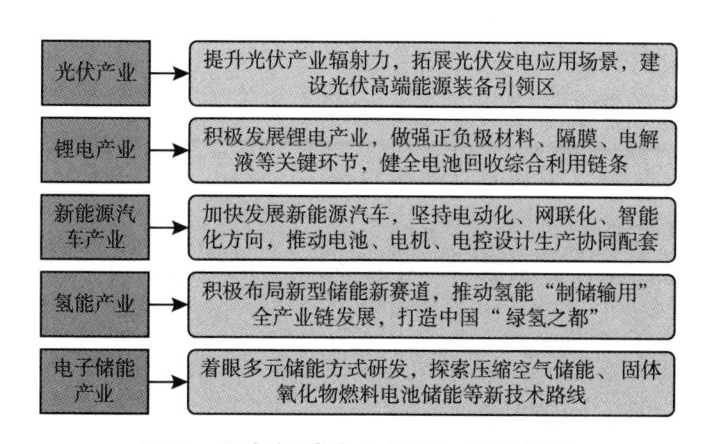

光伏产业	提升光伏产业辐射力，拓展光伏发电应用场景，建设光伏高端能源装备引领区
锂电产业	积极发展锂电产业，做强正负极材料、隔膜、电解液等关键环节，健全电池回收综合利用链条
新能源汽车产业	加快发展新能源汽车，坚持电动化、网联化、智能化方向，推动电池、电机、电控设计生产协同配套
氢能产业	积极布局新型储能新赛道，推动氢能"制储输用"全产业链发展，打造中国"绿氢之都"
电子储能产业	着眼多元储能方式研发，探索压缩空气储能、固体氧化物燃料电池储能等新技术路线

图5 绿色低碳产业集群与场景发展

五　营造共融、互动、高效的园区与企业化生产场景

（一）优化产业空间组织，通过产业级场景创造企业高速裂变的市场机会

产业园区的建设普遍存在偏重生产性服务业、忽略生活性服务业，偏重园区规模与项目数量、忽略产业间与企业间协作的现象，针对此类弊端，提出建设以主导产业引领、要素资源汇集、产企协同发展等形成的复合生态系统。因此，从以下四方面切实落实相关产业场景营造工作：一是做好生产应用场景营造的识别与入库，依托产业生态圈联盟实体，鼓励行业平台、企业内部等以创新、挖潜等方式敏锐识别、发现、分析新经济在生产应用领域的场景营造；二是完善生产应用场景实验室的建设与投入，以主导清晰、分工明确、差异鲜明的产业园区为依托，及时对生产应用场景营造进行提档加速和改造提升；三是打造高品质科创空间，促进生产要素汇集和产业链协同配置，以产业配套与生活需求协同发展为目标，并形成相应的场景营造示范区；四是不断推动应用场景的更新迭代，基于场景的特色性、延展性和创造性，依据生产技术发展和需求变化等，推动产业应用场景形成创新、创造、更新、升级闭环。

以建圈强链为目标，在空间组织方面提出一系列指引和要求。用地比例方面，坚持产城融合、职住平衡、生态宜居的建设原则，推进集生产、生活、生态于一体的园区建设，以及集研发、生产、展示于一体的场景营建，整合产业、技术、品牌、市场服务，促进生产、生活相融发展，合理确定用地比例，适度增加配套用地；文化特色方面，注重园区建设充分与地域特色、商业消费、日常生活等相互促进，结合文化特色，塑造形态特色鲜明的产业园区风貌，构建体现生态宜居、彰显文化风貌的现代化新城区；配套设施方面，以"七通一

平"为企业基本进驻条件,建设类型多样、等级清晰的居民生活性配套设施,实现产城互促、产城融合;绿色低碳方面,通过绿道将产业区和生活区串联,倡导行人友好和健身街区建设,以绿色低碳循环经济体系构建为目标,推进产业园区循环化改造,培育一批近零碳产业园区、绿色工业园区,以完善资源集收储运为目标加快建设静脉产业园。

产业功能演变	低成本导向,要素低效配置,以产品制造加工为主	产业链导向,要素重新整合,有一定配套服务,以产品制造为主	技术密集型,产业配套完善,研发制造与科技产业复合	多项复合型,高价值要素推动,融合高端服务、高新技术、文化创业产业
	产城分离	产城串联	产城耦合	产城共享共融
产城空间演变	单一工业区,空间沿交通轴线布局,产城空间关系基本脱离,依托交通干线连接,功能独立属性明显	纯产业区,空间围绕核心企业产业链延伸布局,关联产业集聚,但产城空间相对脱离	产业与园区产生协同效应、空间集聚,围绕产业集群圈层布局,产城空间相对耦合	社区、城市与产业功能完全融合、空间共享,多极耦合,实现优势互补、互促发展

图 6 产城关系分阶段示意

(二)构建城市场景化、场景项目化层层递进的场景营造体系,借助企业级场景加速落实产业转化促进成果

从产业级场景转向企业级场景,是宏大的叙事场景转入精细化营造的转变。以新经济产业发展为基础与底色,以企业研发、生产和展示等为基本依托,以产品创新为切入点融入全球产业链与价值链,推动企业数字化转型,进而助推产业结构优化提升,最终形成由"种子—准独角兽—独角兽"组成的金字塔发展梯队,为企业提供场景营造的机会。以天府农业博览园为例,以农业为中心,促进休闲游憩、生产服务、文化创意等多领域、跨平台的产业融合发展,通过融合应用场景展厅、农业文化体验基地、新型农产品交易平台等,为农业发展场景、农业技术、新兴业态等"牵线搭桥",

通过场景营造助力农产品推广销售，促进企业进一步转型发展形成良性循环。

以释放资源、孵化试点、推广应用为聚焦，构建完善生产场景联动机制。生产导向的城市未来场景营造在城市未来场景实验室立项项目、示范应用场景立项项目、应用场景示范区立项项目上均有体现，并且各有侧重，构建城市场景化、场景项目化的生产场景体系。产业发展上，发展以新经济为引领的环境友好型产业，大力推进生态产业化进程，加大对城市生态产业的基础建设投资，拉动水利、环境、景观、绿色产品等相关生态产业的发展；能源利用上，积极推广清洁能源利用，实施一系列"煤改气""煤改电"建设举措以及"电能替代"和氢能应用示范工程，提升能源利用效率，瞄准资源要素投入少、成果要素产出大、绿色低碳循环的高质量发展方向发展；城市建设上，新能源汽车和充电桩的推广、工地扬尘颗粒的实时监测与施工减排降废、以有机废气的 VOCs 处理系统为代表的绿色生产等，正成为成都积极构建绿色低碳循环经济体系的机遇，以实现"双碳"引领下城市与产业互建互促的目标。

表5 生产导向的城市未来场景营造项目

立项项目来源	生产导向的城市未来场景营造项目
城市未来场景实验室	"云巅"教育生态大数据城市未来场景实验室、基于数据循环生态应用的智慧教育城市未来场景实验室、信息大数据创新应用城市未来场景实验室
示范应用场景立项项目	基于物联网的智能视觉检测边缘计算生产场景、工业机器人智能焊接场景、全屋数字化定制家居柔性智造示范场景、智匠数字化服装定制生产示范场景、凌云线上媒体服务场景、"标果工厂"农产品数字化供应示范场景等
应用场景示范区立项项目	成都医学城应用场景示范区、新经济应用场景示范区、交子金融梦工场、成都工业创新设计功能区、北航成都航空动力创新中心等

六 夯实生产导向的"产业—园区—企业"场景营造模式与策略

（一）强化支撑：聚焦动能转换，营造产业级场景

1. 生产型场景构建模式

生产型场景通过新的视角综合考虑消费体验以及现代经济转型所需环境进行场景空间塑造，通过特色场景营造、厚植文化创意等创新基因、培植新的创新品牌等方法手段，根据社群物质和精神需求进行场景营造，搭建载体、聚合内容，围绕文创设计、艺术展出等领域，构建产业孵化空间和产业链，激发创意社群的创新活力，提升城市创新经济（见图7）。生产型场景营造的工作机制，已形成"一个规划设计、一个年度行动计划、一个城市场景资源共享平台、一批创新应用实验室、一批场景实验室、一批示范场景、一个品牌活动"的"七个一"构建模式。与此配合，《场景营城成都创新实践案例集》优选、收录的典型场景案例，旨在强化全社会共建共享城市场景的氛围营造；《新经济应用场景建设指南》遴选出一系列主题场景，包括数字孪生城市、传统制造业数字化转型升级、面向未来的城市公共空间、高品质科创空间、人工智能、"5G+"工业互联网、数字医疗、数字文创等，为城市未来场景建设工作提供理论参考与实践指导。

2. 生产型场景构建策略

生产型场景是推动产业结构升级、刺激消费的新动力。以文化娱乐设施、艺术街区、创意公司（包括个体创意工作室）等场景类型为例，其舒适物以高品质体验型消费场所与趣味性多元化活动类型的设施为主，一般从以下三种模式进行塑造：一是特色体验式塑造，围绕地域特色主题进行场景设计，为消费者创造一个充分参与、体验互动的空间，其营造的文化价值让消费者享受并形成良好的体验互动；二是文化沉浸式塑

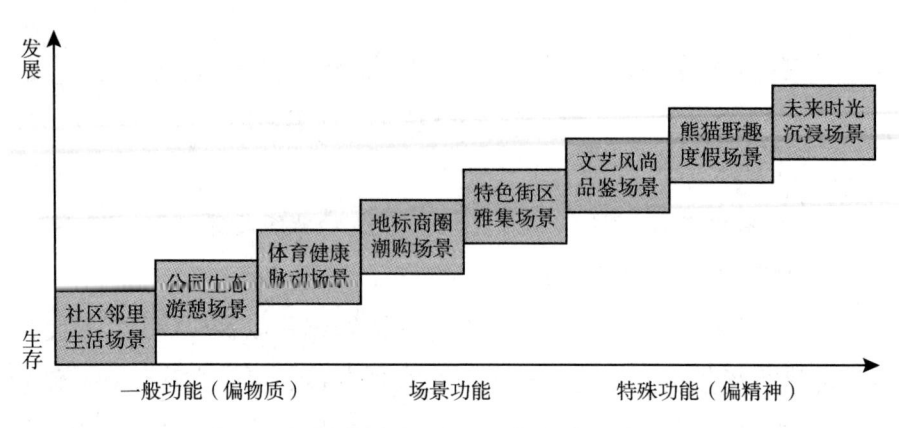

图7 场景营造与物质、精神需求的关系

造，借助空间环境氛围设计和营造，使消费者在当前的情景下沉浸其中达到与场景的深刻情感联系；三是地标特色式塑造，通过设置标志性构筑物以及建筑物，打造地标景观以及特有文化氛围，结合现今流行的短视频、快节奏生活方式进行场景塑造。结合成都"三城三都"建设，弘扬开放多元的城市文化精神，有机植入新型场景和新型业态，通过新经济、新场景、新产业，助力创意经济提升，塑造三大应用场景。

培育IP经济应用场景，通过影视、歌剧、音乐等形式创造文化IP，打造城市创意经济文化品牌，同时通过构建线下的体验式场景，开发衍生艺术品，形成数字娱乐的旅游IP打卡点，打造全方位的旅游IP场景。培育创意体验应用场景，围绕赛事、音乐、美食等与地方文化，发展历史商业街区、创意公共空间，集文化旅游、创意设计等于一体，搭建创意人群聚集复合式文化空间场景。培育跨界融合应用场景，通过政策支持、设施完善、场景价值导向，促进城市创意经济发展，如成都市通过市级文化产业资金，引入音乐相关企业100多家，年产值达到近400亿元。同时得益于成都数字娱乐产业的政策支持，腾讯等著名游戏公司入驻成都，数字技术与成都文化融合，吸引并培育创意人才。

第四章　构建生产导向的公园城市场景

表 6　生产型场景分析

项目	场景导向	组织活动	实例举措	舒适物类型	吸引社群
世界文创名城	以文化为依托，打造创新创意消费国际非遗节、科幻大会	国际非遗节、科幻大会等	成都自然博物馆，四川大学博物馆群、文创街区、文创空间	①文创产业链 ②完善基础配套 ③文化展示平台	吸引旅游社群、创新人才城市居民等
世界旅游名城	以旅游要素、文化要素等吸引社群	旅游展、精品旅游项目和文化景观特色旅游	成都熊猫国际旅游度假区、都江堰市全域旅游示范区	①完善基础配套 ②文旅设施 ③建筑设施等	旅游社群等
世界赛事名城	依托建设设施以及适宜赛事活动的场所，通过相应舒适物的配置构建消费场景	运动会、足球赛、马拉松、电子竞技赛等	东安湖体育公园、大运村等	①建筑设施（重大地标设施） ②节日活动 ③文旅体设施 ④相关产业链等	竞技人群、城市市民旅游社群等
国际美食之都	依托地方美食，植入文化、娱乐功能	成都熊猫亚洲美食节、成都国际美食节	国际川菜小镇、老字号特色街区	成都特色地方美食	旅游社群、城市市民等
音乐之都	适宜、舒适的创作环境	音乐季、音乐演出、街头艺术表演	城市音示厅、凤凰山露天音乐公园	①完善基础设施 ②文创设施 ③艺术展示平台、交流平台等	创新人才、旅游社群、城市市民等
国际会展之都	依托建筑场所结合便捷的交通环境、广泛的宣传方式	中国会展、糖酒会、论坛	中国西部国际博览城、成都世纪城新国际会展中心、西博城	①建筑设施（重大地标设施） ②基础设施等	旅游社群、城市市民、招商企业等

129

专栏六　"文商旅体"融合发展，打造新经济新生产场景
——鹿溪智谷

  各具特色的"场景"正在重新定义城市经济和生活，传统社区空间正向融地域、生活、情感、价值等于一体的场景延伸。天府新区坚持公园城市理念，加强商业运营策划，结合新区定位和特点，按照国际化、品牌化的思路，提供有新区特质、群众共享的公园服务，营造出一大批受广大市民群众喜爱的，可进入、可参与的新经济、新消费场景，鹿溪智谷便是其中最亮眼的场景之一。鹿溪智谷依托鹿溪河得天独厚的自然生态本底，以河道为轴线、湖泊为节点，高水平规划建设以新一代人工智能产业为主要方向的鹿溪智谷高技术服务产业生态带。把"文商旅体"融合发展的概念融入现有的业态布局中，鹿溪智谷将美食旅居、文创体验、潮玩运动和生态空间有机结合，形成完善的商业生态和产业配套，融入品质新经济、新消费场景，打造一个以人文为基底，宜人宜居、产商融合的公园城市新地标。

资料来源：《鹿溪智谷公园城市示范区规划》。

3. 生产型场景运营机制

  以市场化、应用化为核心，场景营建是服务产业发展的助推器和催化剂，聚焦技术应用和产业需求的发展，通过场景价值认知、策划设计、运维管理等能力的强化，向全景式、高能级的产业场景目标进发。

  提升场景价值认知能力。深刻把握城市发展需求、技术演进方向和产业发展规律，提升价值认知能力，保障建设方向正确性。创新公共服务、产业发展等社会需求反馈机制，与国内外研究机构、创新团队、知名企业开展合作，常态化预判城市未来形态、前沿技术发展态势等，深度探索和感知产业发展需求变化。搭建场景策划主体与国土空间规划部门间的合作平台，在场景策划中融合产业发展目标，在国土空间规划中为场景营造充分留白，强化场景价值认知和城市功能规划的有机衔接,为场景营造提供充分的发展机遇与空间。

提升场景策划设计能力。针对不同发展阶段的产业门类,采用差异化、梯度逻辑优化的场景策划设计手段,传统产业注重转型升级场景、现代产业注重创新应用场景、战略产业注重前沿布局场景,助力营造建设层次鲜明、重点突出、价值明确的应用场景体系。支持传统产业、传统业态及传统企业主动谋划布局已有场景的转型升级,推动新兴产业门类通过万众创新、大众创新的模式带动一批应用场景。

提升场景运维管理能力。以政府主导、市场主体、合作衔接、共建共享的场景运维机制,通过新型基础设施超前布局等为场景应用提供信息基础支撑。探索"市—区—街道"资源配置联动机制,借助城市场景机会清单、"两个实验室"、场景示范工程等衔接场景建设的供给端和需求端。创新共建共享机制,组建由龙头企业、服务机构、研究院校等构成的场景运维管理联合体,应用区块链等新技术推动技术专利、行业标准、市场渠道、专家人才等核心资源开放共享,以EOD(生态环境引导开发)、SOD(公共服务引导开发)、AOD(公共预算引导开发)等模式开展场景建设。

(二)释放机会:聚焦场景供给,培育企业级场景

市场主体是经济社会发展的重要力量,成都坚持把企业场景培育作为增强经济发展动力、激发市场活力和社会创造力的重要工作。《成都市新经济企业梯度培育若干政策措施的通知》发布以来,结合持续推动的数字赋能智慧蓉城建设,成都持续加大企业场景培育力度、创新场景供给方式、优化政策服务体系、完善金融服务体系,为新经济企业创造更优的发展环境。

系统完善新经济培育与场景融合发展的政策支撑。从资本、人力、技术等支撑新经济发展的要素入手,出台包容普惠创新、大数据产业赋能和人才协同等支撑政策,结合新经济企业梯度培育计划和百家重点培育企业、百名优秀人才工程("双百工程"),推出新经济产

业投资基金、专业化银行等金融支撑手段，鼓励完善政企共建共享共用的数据平台，支持企业生产链条充分接入全球供应链和产业链体系。同时，通过"互联网＋信息技术"与治理体系高度融合，重点支持电子政务、信息公开等，切实做好简政放权、放管结合、优化服务，及时释放新经济企业发展方向、扶持政策相关信息。

创新构建场景孵化的企业全生命周期机制。与城市公共资源要素充分对接，将新经济企业的供应与市场需求充分衔接，将场景营造转化为企业可知可感可参与的重要抓手，通过项目、指标、清单等一系列方式为投资者、企业、人才提供创造新产品、满足新需求的机遇窗口，例如，根据股权融资、市场订单、营收规模等绩效目标对承担智慧蓉城应用场景实验室项目的企业分阶段给予最高 200 万元的资助；针对场景示范工程，评选应用场景示范区、示范应用场景，对承担示范场景项目的企业，给予最高 100 万元的一次性奖励等。

（三）创新带动：聚焦产业社区，搭建社区级场景

作为产城融合发展的典型代表，产业社区是以组织生产、生活活动为目的，小尺度、多功能兼具产业发展与社区治理服务的综合型社区组织新模式，具有产业活力旺盛、环境品质优美、生活宜居便利、基础配套完善、产城融合完善等基本特点，谋求产业发展、生活便利与生态环境承载力动态平衡的发展目标。

以公园城市理念引导建设产业社区公园场景。以生产场景为主、生活场景为辅，产业社区以公园等开敞、绿色、共享空间打造为特色，以绿道、驿道、蓝网等连接产业核心功能区与生活、生态空间，合理植入商业、休闲、游憩等功能，满足产业发展需求和人群生活需求，打造创新引领、三生融合的产业社区公园场景。其中，楼宇型社区依托核心生态要素的打造，以绿道为脉，主要形成环形布局式、廊道串联式、组团嵌套式等"公园＋"布局模式；厂区型社区以集约利用生产空间为优先，一般在社区中心围绕小型公园绿地布局服务功

能，形成中心布局模式；部分具有较强对外联系和展示需求的社区，结合对外交通门户布局公园绿地和服务功能，形成门户布局模式（见图8）。

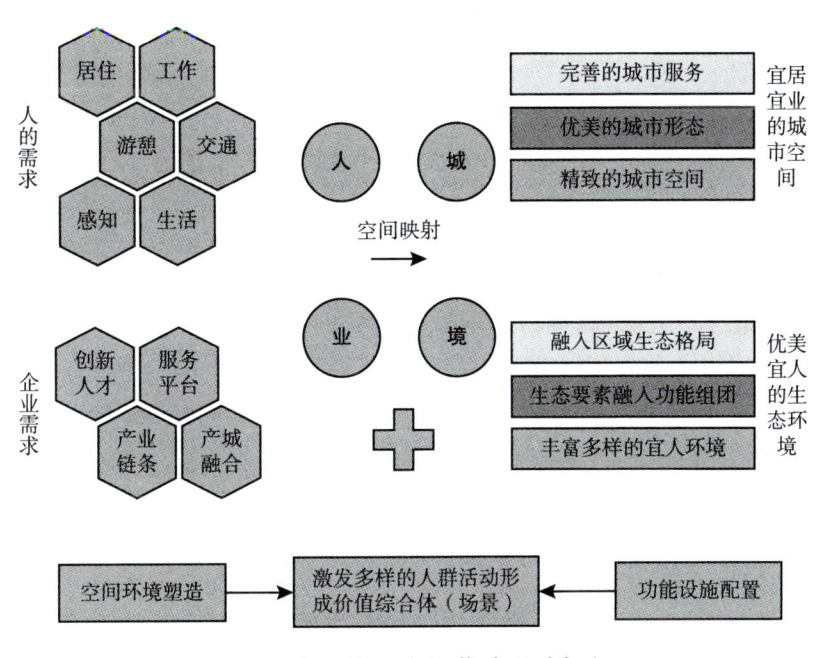

图 8　产业社区空间营造思路框架

培育创新空间，强化创业氛围。一是在经济密度高、社交网络密集、公共交通便利、娱乐设施丰富的核心地段打造创新街区，通过经济要素、物理空间要素、网络要素互相耦合形成"创新生态系统"，以高品质公共空间体系激发创新街区活力；二是结合社区门户、交通轴线、开敞空间布局打造总部创新空间，建设专业楼宇、科研型功能平台、创新人才基地等创新设施和机构，成为社区的标志建筑和企业精神象征；三是从企业创新走向社区创新，结合办公、商业，打造随处可见的、低成本的微创新空间，扶持初创企业和独立创作人，提供跨界交流学习空间，强化社群创新趋势。

专栏七　智谷汇智慧园区企业服务场景
——成都小步创想科技有限公司案例

小步创想致力于智慧城市治理专业解决方案及服务，业务涉及城管执法、市政环卫等行业，自创办伊始便入驻了智谷汇智慧园区。相较于传统园区当"包租婆"，只关注招引企业，智谷汇智慧园区主要利用云计算、人工智能、物联网（IoT）等技术，集成企业、安全、政策、资产、产业、设施、能耗等终端及园区运营数据，实现资产管理、客户管理、物业管理等系列功能的智能化、数字化，智慧赋能园区管理、企业服务、产业聚集等招服管退续全流程，让服务更精准更全面更高效。智慧管理前端则搭建了企业服务"超市"，涵盖线上物业报修、场地预约、会务服务，还能线上报名参加线下的金融服务、人才培训、市场对接等活动。数字化、智能化解决了传统园区管服信息滞缓、诉求解决不及时等难题，社群生态建设、资源积聚更有效促进产业生态链建构。智谷汇智慧园区希望通过建立统一标准化的企业服务及园区管理解决方案，以智能化平台为依托，构建园区管理、企业服务、社群生态三大服务体系，打破物理空间壁垒，辅助更多园区管理做决策、管资产、谋招商、优服务。

资料来源：成都市新经济发展委员会，《以数字化转型场景建设引导产业集聚智能生产赋能建圈强链》，2022年4月19日。

鼓励垂直复合，打造垂直产业综合体。适应未来产业变化和产业人群需求升级，产业空间的垂直化利用提倡在有限的空间内集聚包含生活、生产甚至生态的复合功能。垂直产业综合体一般布局在相对核心区域，内部业态连接互动更加紧密，空间联系更加立体丰富，以便捷的交通联系和多元化的共享空间，为产业人群提供便利、舒适的交流场所，促进企业、人才、生产服务等要素聚集，让服务设施在不同时间段均得到高效利用。

专栏八　以产业功能为主导，产城融合的产业社区建设
——月牙湖产业社区

位于桂溪街道的月牙湖社区 O2S 营造空间是产业社区的创新突破。O2S 营造空间以产业、空间、服务、共治、智慧等场景营造路径进行打造，推动产业社区从单一的经济功能向文化功能、治理功能、服务功能等综合性维度拓展，以促进产业社区治理和企业发展、员工成长互为支撑、共生共荣。社区与街区综合党委、辖区企业、社会组织签订了共建协议，开启送服务进社区、聚资源在楼宇的创新性产业社区治理工作模式，社区内不仅配备了劳动人事争议联合调解中心、"群众工作之家"、自助政务服务等，更有社区联盟单位提供的特色共享办公服务，如会议室、人脸识别储物系统、午休睡眠舱、母婴室等，呈现产业社区服务的新场景。月牙湖社区内多为集商、住、酒店于一体的开放式楼盘，有 5300 多家企业，所服务的近 10 万人口中除了居民还有企业员工。O2S 营造空间就近设在居民身边，不仅是将服务下沉，更希望通过服务共享的模式吸引更多企业参与社区共治。

资料来源：《是什么，让社区生活越来越美好？》，《川观新闻》2020 年 12 月 17 日。

第五章 以公园城市场景营造引领城市治理革新

一 以治理现代化为导向的公园城市场景营造

公园城市是人类城市形态经历农耕社会、工业社会、后工业社会发展到生态文明时代的产物，公园城市治理将超越农耕社会的统治、工业社会的管理、后工业社会的治理逐步过渡到生态与社会双向善治的新模式。从治理理念上，新治理模式将转变农耕社会实现统治阶级利益、工业社会城市治理追逐市场收益最大化，明确提出以人民为核心、福祉归于人民的理念，使人人公平地享有城市营造和发展的收益，体现公园城市"公"的内涵。从治理逻辑上，新治理模式将改变工业社会将自然环境对象化、客体化的倾向，为实现经济社会的发展不惜以损害环境为代价，而回归农业社会尊重自然、适应自然的逻辑，并进一步通过新的治理技术和治理手段的应用，赋予生态环境成为治理主体、与社会交互治理能力，营造环境优美、宜居宜业的城市生境，体现公园城市"园"的内涵。从治理主体上，新治理模式将着力构建多元主体自治与协同共治的治理网络，革新传统城市治理碎片化的痼疾，体现公园城市"城"的整体性内涵。从治理方式上，新模式将选取经过实践验证和领先时代的治理手段,提高治理效能,展现城市活力,体现公园城市"市"的内涵(见图1)。

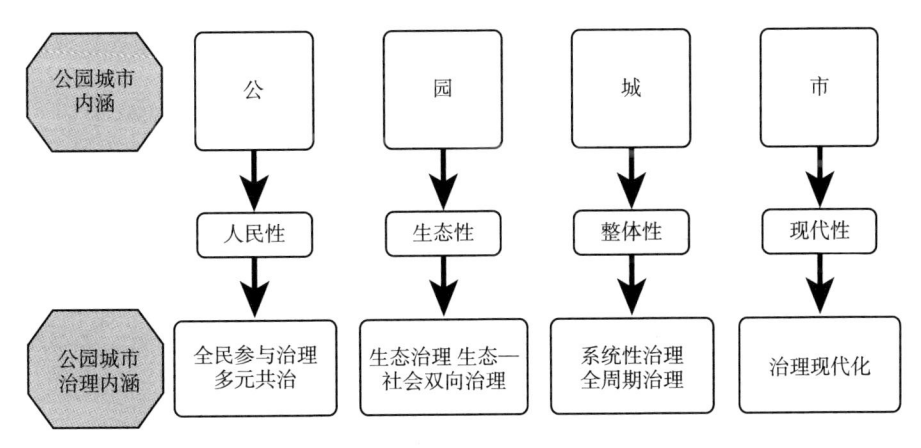

图1 公园城市与公园城市治理内涵关系

公园城市内涵	公	园	城	市
	人民性	生态性	整体性	现代性
公园城市治理内涵	全民参与治理 多元共治	生态治理 生态—社会双向治理	系统性治理 全周期治理	治理现代化

成都公园城市的治理以场景营造为引领,推动城市治理模式革新,尝试从城市治理体系的微观结构出发,突破层级、部门、区域的界限汇聚治理元素,解决城市治理问题。以智治为基底、法治为保障、多元共治为核心,重塑城市治理现代化的流程和结构,探索特大城市转型发展的策略和路径。

(一)公园城市治理的内涵

公园城市是超越农业文明与工业文明、契合于生态文明的城市发展新范式,公园城市的治理需与"公""园""城""市"的内涵高度契合,对应地呈现四方面特征。

1. 人民性

公园城市的范式内涵首先在于"公",体现在其开放性、可达性,以人民为核心,为人民服务;公园城市的治理不同于工业时代的城市管理,通过自上而下的权力结构来实现,而是由人人有责、人人尽责、人人享有的治理共同体来推动实现。人人有责是指公园城市治理由政府、企业、社会、个人多元主体共同参与，政府在政策制定和执行过程中必须尊重市场的意见，尊重群众的意愿；人人尽责是说公园城市治理方式是通过多元主体协同联动，采用自治、法治、共治等多种形式来共同完成的，充分尊重每个市民对公园城市发展决策的知情权、参与权、监督权，激励市民参与治理的积极性；人人享有是指公园城市治理的权益与福祉归于人民，使人民实实在在地享有公平利用公共服务、平等享受美好城市生态环境的获得感、幸福感和安全感。

2. 生态性

公园城市是超越农业文明与工业文明、契合于生态文明的城市发展新范式，其治理模式必然超越农业文明和工业文明的统治和管理，也区别于后工业文明时期的只注重社会维度的单向治理，而演化为体现生态—文明双向互动的多元善治新模式。一方面，公园城市的治理是以自然为纲的绿色治理，强调以生态容量约束社会发展，以公园城市生态环境的生态服务价值赋能城市社会发展的客观性；另一方面，公园城市的治理还应以人为本，强调城市社会发展适应生态规律、营造公园城市生态环境的能动性。具体而言，公园城市治理的生态性体现为造就山水人城和谐相融的公园城市场景，践行"绿水青山就是金山银山"的生态价值观，实现自然治人、人治自然、社会共治的生态与社会双向交互治理新模式。

3. 整体性

公园城市是历史发展到生态文明时代的产物，公园城市的治理是对于传统城市治理范式性的革新，要采用新时代的治理手段和治理元素重建体系、重塑流程、重组结构。其基本趋势是从分散走向集中、从部分走向整体、从破碎走向整合，其内容包含不同层级政府之间的"上下合作"，同级政府之间的"水平合作"，同一政府不同部门之间的"左右合作"，政府与企业和社会之间的"内外合作"；其领域涉及城市治理周期的方方面面。整体性治理要求以"高效处置一件事"为核心，整合各类治理要素，集成各种治理场景，打破经济、社会、城市治理的边界，推动跨层级、跨地域、跨部门的协同管理。从整体性治理着眼，公园城市的治理才能突破壁垒、再造流程，破解传统城市治理碎片化的难题，为超大城市的治理提供可行的示范性方案。

4. 现代性

一流的城市要有一流的治理，一流的治理要有一流的技术。习近平总书记指出，从数字化到智能化再到智慧化，让城市更聪明一些、更智慧一些，是推动城市治理体系和治理能力现代化的必由之路，前景广阔。公园城市的治理需要同大数据、云计算、人工智能、区块链等现代化技术手段相结合，一方面，充分利用现代科技和信息化手段为公园城市治理提供技术保障和支撑；另一方面，公园城市为现代技术提供了孵化、筛选、训练、推广的广阔应用场景，可以极大地促进技术的提升和迭代更新。同时，公园城市的治理既要培植最先进的现代技术手段应用于治理场景，又要利用经受过实践检验的先进治理手段保障人民共享福祉。运用完善的生态良法体系推动善治，将管治、自治、共治结合达成多元善治。如何运用新技术、新方式、新手段赋能城市治理体系的革新是时代赋予公园城市治理的新任务。

（二）以场景营造引领公园城市治理模式革新

工业时代的城市治理已形成结构化的治理体系，公园城市治理模式的革新不是除旧建新，也不是对已有系统修修补补，而是要寻求在现有体系稳定运行、有力支撑的前提下，针对现有体系无法解决的新问题、新情况探索新模式，或者通过新手段升级传统解决方案，突破结构化窠臼，引入活力治理元素，创新微观治理结构，逐渐焕新公园城市细胞。

场景是城市生命体的细胞。在公园城市示范区的治理过程中，成都从场景入手，寻求在体系内外构建场景化的微治理结构，以问题解决为导向跨部门、跨区域调集治理要素构建个案模型，再把其中好的经验总结出来，反复在同类场景中试行和验证，修正补充，最终提炼升华成为可以适用于多种治理情形的制度、法规和标准，推广应用于规范和指导公园城市的整体建设。从单一场景的治理创新，衍生到多场景联动治理，再到良法善政护航的治理体系建立，成都发布《中共成都市委成都市人民政府关于以场景营城助推美丽宜居公园城市建设的实施意见》，明确将场景营城提升到公园城市示范区建设高度，不单是要在公园城市建设中提升应用场景能级、构建应用场景体系、供给多元应用场景，更是要在公园城市示范区建设统领下，以场景营造与治理突破和融通现有体制机制的边界，探索契合生态文明时代发展特征的治理模式，从而引领城市治理系统的迭代更新。

专栏一　以场景营造引领公园城市治理革新的成都叙事

城市场景理论由成都率先提出。2017年，为统筹解决新经济业态发展中管理缺位或制度掣肘难题，成都市政府提出着力发展六大形态、七大应用场景，着力促进新技术推广应用、新业态衍生发展和新模式融合创新。

其后，突破现有制度框架的边界，场景营造活动在新经济领域渐次展开，并逐步渗透到城市经济社会发展的方方面面。从单一场景案例，到场景间耦合联动，再到面向城市整体的场景营城，场景创新为公园城市治理创新蓄势聚能。

2018年12月，成都市将场景营造应用于公园城市建设，公园城市山水生态公园场景、天府绿道公园场景、乡村田园公园场景、城市街区公园场景、天府人文公园场景、产业社区公园场景六大类公园场景初步确定。

2020年3月31日，成都向全球持续发布1000个"新场景"和1000个"新产品"，载体多为公园、绿道和景观。

2021年7月29日，成都颁布《成都市美丽宜居公园城市建设条例》，将营造六大公园城市场景写入首部公园城市立法。

2022年1月，《中共成都市委成都市人民政府关于以场景营城助推美丽宜居公园城市建设的实施意见》重磅出台，明确将场景营城提升到公园城市示范区建设高度，不单是要在公园城市建设中提升应用场景能级、构建应用场景体系、供给多元应用场景，更是要在公园城市建设统领下，以场景营造与治理突破和融通现有体制机制的边界，探索契合生态文明时代发展特征的治理模式，从而引领城市治理系统的迭代更新。

2022年3月22日，《成都市国民经济和社会发展第十四个五年规划和二〇三五年远景目标纲要》发布，提出成都将实施城市未来场景实验室建设行动，持续推出数字孪生场景、智慧交通场景、智能公服场景、科普绿道场景等1000个示范新场景，开展示范建设活动，打造创新应用标杆。

2022年6月15日，成都市新经济委总结成都的场景营造工作，发布《场景营城成都创新实践案例集》，指出2019年以来已集中发布9批次城市机会清单共3360余条供需信息，打造9个应用场景示范区、89个示范应用场景。到2022年，成都将面向全球发布2000个新场景，打造150个具有引领带动力的示范城市场景，建设15个具有综合影响力的城市场景创新发展集聚区。到2025年，累计发布5000个新场景，打造300个示范城市场景，建设30个城市场景创新发展集聚区，形成新时代美丽宜居公园城市场景支撑。

2022年6月20日，成都市发布首批《公园城市示范区建设机会清单》，围绕生态、生活、生产、治理四大领域发布项目建设运营、项目招引、产业协作配套等十大类1070条供需信息。

资料来源：根据成都市人民政府网站资料整理。

当前，基于场景营造的城市治理从治理思路、治理模式、治理手段三方面引领公园城市治理体系革新。

从治理思路角度，基于场景的公园城市治理改变了自上而下的工业时代权力管理逻辑，再造融通管治、自治、共治的治理系统。场景是公园城市生命体的细胞单元，有机生发于城市社会发展的实际需求，也是人民群众日益增长的物质和精神需求在城市治理领域的具体化表现。基于问题解决的场景化治理需要融通行政层级、协调职能部门、跨越地域限制，解决场景营造与治理中产生的问题。每个场景本身也成为一个集合多种治理方式、技术手段、弹性政策的微治理系统。完善的微治理场景形成示范性案例，其中的治理要素随着场景的推广被复制到更广泛的范畴应用、检验、发展。公园城市是场景的交互集成。这些分布式的场景耦合、联动、交互、协同而逐渐形成公园城市场景化治理图景。相比行政管理、监控、考核等治理传统方式，场景化治理能够立足人民群众新时代需求、优化治理路径和手段，突破现有权力框架，自下而上地革新公园城市的治理系统。

从治理模式角度，基于场景的公园城市治理注重呼应生态文明的时代性要求。一方面，作为公园城市微观结构的场景需体现生态和文明两方面特征；另一方面，场景化治理中凝结了生态与文明双向交互。第一，生态环境产生的数据、发出的信号可以被城市社会直接感知、体察、反馈；人人时时处处可参与城市生态环境的建设、运维和监管。第二，生态价值得以实现，人们在实现生态价值的过程中，提升了自身和社会的福祉。场景的营造与面向生态文明的治理改造将逐步从微观肌理上改变城市生命体的本质与组织形态，造就焕然一新的公园城市面貌。

从治理手段角度，基于场景的公园城市治理为新技术、新法例、新治理方式的应用提供了试验空间。通过智能算法对海量数据进行分析计算，驱动数据流通应用，形成面向各个场景的处置能力，推动城市运行从事后统计向事前预测、从被动处置向主动发现转变,将极大地增强公园城市整体运行管理、预警监测、科学决策、应急反应能力;通过新理念重塑治理流程,秉持现代法治精神筑牢治理基础;通过鼓励与动员多元主体通过新手段参与不同场景中的城市治理,促成全社会形成治理合力。

二 成都市公园城市场景营造与治理现状

2022年1月,中共成都市委、市政府《关于以场景营城助推美丽宜居公园城市建设的实施意见》中发布了美好生活、智能生产、宜居生态、智慧治理四大类86个场景。2022年6月15日,由成都新经济发展研究院发布的《场景营城成都创新实践案例集》和《场景营城创新地图》,优选78个案例,直观展示了2020～2021年度立项支持的127个场景案例的落地应用地址,成都23个区(市)县的场景营造分布态势一目了然。从目前发布的场景中筛选出与城市治理相关的案例,我们尝试勾画公园城市治理图景的整体策略。

从全景鸟瞰,成都公园城市将以智慧治理为基底,构建以城市大脑为中枢("一网统管")、以公园城市生态环境与城市社会交互感知的神经网络为沟通机制的现代治理体系(城市智能感知场景),实时监测公园城市运行体征。从生态和社会双向治理的角度,一方面,成都公园城市逐步具备全息感知公园城市生态环境的容量、状态、风险动态变化的能力("数智环境"场景),使生态与社会交互制衡,人人得以时时事事参与公园城市生态环境保护、监督和营造,体现生态善治;另一方面,深入城市社会细胞肌理的智慧化治理网络,弥合城乡之间、部门之间和不同社会领域之间的信息级差,贯通市、区、街道、社区、小区等多层次场景,为多元主体参与城市社会治理提供了便捷可及的渠道,实现社会善治(一网通办、一体联动、一键回应)。

如果我们将镜头聚焦公园城市治理的细分场景，将得以近观智治、法治、多元共治的实施和逐步革新城市治理系统的途径。

（一）以智治场景为基底，构建公园城市生态环境与社会感知互动的智慧治理体系

成都公园城市的治理致力于构建符合生态文明时代要求的现代治理体系，综合运用技术、法律、社会治理的先进形式，在营造公园城市的场景中针对工业时代"城市病"症结提供系统化的解决方案。公园城市示范区总体方案中明确了成都建设数字政府和数字社会、构筑智慧化治理新图景的五项具体任务：建设"城市数据大脑"、推行城市运行"一网统管"、推行政务服务"一网通办"、推行公共服务"一网通享"以及推行社会诉求"一键回应"。这些任务就是成都打造公园城市治理现代化示范区的具体抓手。

1. 全面贯通生态环境与城市社会各类数据，一体汇入城市大脑中枢

2021年末成都市常住人口为2119.2万人，机动车保有量超过630万辆，轨道交通里程超过550公里，燃气管线3.46万公里，加油加气站937座，在建工地3320个，高层及超高层建筑超过1.15万栋。成都在不断提升城市吸引力的同时，面临超大城市治理新挑战。

应对新挑战需要使用新手段。《成都建设践行新发展理念的公园城市示范区总体方案》明确提出智慧治理目标，就是要综合运用大数据、云计算、人工智能、区块链等新技术，以数据、算力、算法为基础支撑，增强城市整体运行管理、决策辅助、应急处置能力，实现城市治理体系和治理能力现代化，破解特大城市治理难题。成都智慧城市建设的五项具体任务，首要任务就是建设"城市数据大脑"，以"一网统管"作为智慧蓉城建设的牛鼻子工程，以建设城市运行管理的应用中枢、指挥平台和赋能载体为重点，同步推动一网通办、一网通享、一键回应等应用场景体系建设。通过城市大脑对海量数据进行

分析计算，驱动数据流通应用，城市生命有机体才会不断学习进化，形成面向各个领域、各个场景、各种事件处置的"思考"能力，统领"四个一"的执行，倒逼线下流程再造和线上系统完善，推动治理手段、治理模式、治理理念创新，不断提升超大城市敏捷治理、科学治理水平。

专栏二　智慧蓉城"城市数据大脑"

智慧蓉城政务信息资源共享平台日均交换数据3800万条，累计共享数据500亿条；市网络理政中心汇聚政府、企业和社会数据65亿条，接入30万路视频和物联感知终端，开展数据融合应用，形成"城市数据大脑"雏形，初步建立以"一网统管"为目标的城市运行管理机制……截至目前，成都全市统一的政务云平台已承载市县两级1500余个非涉密应用，基本实现政务基础平台统建共用。

资料来源：《智慧蓉城打造公园城市"最强大脑"》，成都市人民政府，http://pdxcb.pidu.gov.cn/chengdu/home/2022-04/20/content_d351e40774ae4c7aa204b37a95fe7bde.shtml。

2. 建设可视可感感知中台，实时监测评估公园城市生态环境容量、状态与风险

与生命体类似，城市大脑的思考能力需要源源不断通过可视可感的信息来源输入数据，通过可交互的途径输出信息。利用新一代传感和物联网技术，对公园城市生态环境的容量、状态和风险进行时时感知，依托卫星遥感监测、视频融合、语音识别与控制、人口热力图数据服务等支撑平台，融合应用防汛、气象、公安天网、环境监测、市场监管等部门应用，搭建城市感知中台，时时监测评估公园城市生态环境容量、状态与风险的数据，发送到城市大脑进行研判。作为生态与社会之间的信息桥梁，感知中台助力实现生态与社会之间的交互融通，集中体现生态文明时代背景下公园城市治理的新特征。

专栏三 依托"数智环境"场景建设公园城市感知中台

成都高位谋划"数智环境"场景蓝图，综合运用"五步闭环法"，着力打造"一中心支撑、一平台驱动、一门户引领"的"数智环境"平台中枢。

打破各级生态环境管理部门积累的海量数据信息资源和诸多独立业务信息系统壁垒，对内整合了大气子站、微站、国控站等实时环境质量监测数据，对外整合了气象、工地扬尘、交通卡口、企业用电等环境质量影响数据，解决了当前环境数据资源管理分散和信息孤岛问题，为生态环境污染防治和环境质量提升提供更科学、精准的支持。

2021年8月31日，成都市生态环境数智治理中心正式成立。2022年7月23日，成都市生态环境数智治理中心上报的"大气污染AI小尺度溯源"案例于第五届数字中国建设峰会被评选为"第五届数字中国建设峰会优秀应用案例"。

资料来源：《"数智环境"助力生态环境治理现代化》，四川省社会科学院，http://www.sass.cn/109008/55840.aspx。

3. 构建深入城市社会细胞肌理的智慧治理网络

政务方面，成都市以"蓉易办"平台为核心构建形成全市统一的"互联网＋政务服务"，助力达成"一网统管"、风险防控"一体联动"、社会诉求"一键回应"；城市运行可以各类网络末梢传输的数据实现"一屏全观"；社区居民基本生活服务实现"一码通城"。基于场景的公园城市智慧化治理网络的建立推动管治、自治与多元共治交互融合，彰显公园城市以人民为核心的意涵。

专栏四 依托"天府市民云"构建智慧治理网络

成都"天府市民云"平台以市民的生活感知为出发点，上线一公里社区生活地图。自2018年上线发布以来，"天府市民云"已累计集成700余项城市服务，注册用户量突破1100万，连续3年市民满意度92%以上。服务范围覆盖全生命周期，触角从市级触达社区，已成为成都人人必备的App。

资料来源：《科学化精细化智能化治理 成都以人为核心提治理效能》，成都市人民政府，http://www.chengdu.gov.cn/chengdu/home/2022－03/21/content_4b6d93e7087b44eeb703c0597bdac1ed.shtml。

（二）以法治场景为保障，筑牢公园城市治理法律法规体系

公园城市的生态良法体系是实现善治的前提，是实现生态—文明双向多元善治的保障。顺应生态文明理念下生态—文明双向多元善治的治理模式，成都公园城市法治建设不断革新，以场景化治理作为推动科学立法、协助执法监督、健全司法职能、普及守法教育的有力抓手。

1. 持续完善生态良法体系，精细化立法场景

适合公园城市的法律法规不应是凭空创造或照搬他处，而应是对公园城市的发展和需求的反馈。在公园城市建设背景下，成都的街道规划正从以车行为主向"以人为本"、慢行优先的建设思路转变，规划上也尽量依原有的地形地貌，所以街道的形态总体上向绿色化、多样化转变，《成都市公园城市街道一体化设计导则》应运而生。针对不同街道特征，因地制宜营造六类街道场景，引领构建成都市街道"1+N"技术法规管理体系和"分类引导、分级管控"工作模式机制，按照导则修订技术标准及规定，具体指导街道的详细设计、建设和管理，通过示范街道的先行先试不断完善提升。

法规体系的出台还要以满足人民的需求为导向。伴随践行新发展理念的公园城市示范区建设，成都市民中掀起一阵公园露营热。露营满足了都市人在疫情环境下对"诗和远方"的追求，但也在草坪养护、垃圾清理、噪声管控、公共安全等方面给城市治理带来了新挑战。成都市公园城市建设管理局将一批公园绿道划定专门区域供市民

露营，并提供治理和规范服务，让市民尽情享受公园城市建设成果，充分体现了成都城市治理理念的先进性，治理思路已经从过去的控制思维转向协同治理思维，切实为市民的需求服务。

专栏五　露营热推动公园（绿道）阳光帐篷区相关法规出台

　　2022年露营热席卷成都，成都市公园城市建设管理局响应市民需求，于端午假期前一天发布《成都市公园（绿道）阳光帐篷区开放试点方案》，为市民的新型户外休闲体验保驾护航。在市内各个公园绿道划定了22个帐篷区，覆盖郊区新城和中心城区1000平方米面积，并加设标识系统，增加便民、运动、娱乐等设施。同时还发布了《成都市公园（绿道）阳光帐篷区管理指引（试行）》，对露营地管理作出要求，包括制定安全应急预案，配备现场管理人员或志愿者，以及加强卫生保洁、环境管理和安保巡逻。露营这一新兴场景成功推动了成都市公园城市的立法和法治创新。

　　资料来源：《22个公园（绿道）阳光帐篷区开放试点》，成都市人民政府，http：//ww.pidu.gov.cn/chengdu/home/2022－06/03/content_4e40f79 1620b43f78739010a7470ee29.shtml。

2. 构建实时监督网络，打造高效执法场景

　　公园城市的执法监督以城市的生态保护为首要目的，积极维护绿色生态场景，保护市民活动空间与生态环境自然交融的形态。严格执法监督在水污染治理场景中发挥了关键作用，其中黄龙溪镇党委政府以生态环境保护为中心，大力实施"一核三治五改"的"135"环保督察举措，即以全面落实河长制为核心，深入开展水环境"治脏治乱治污"，通过改建截污管网、改造污水处理设施、改进污水处理技术、改善农村人居环境、改变生产生活等措施，大力推进全域水环境治理，使水质保持在Ⅲ类，水环境持续改善，让市民也实实在在感受到了环境的改善和生活质量的提升。

为提升执法监督的效能和精度，成都市大力营造城市智能感知场景，实行"全封闭、链条式"的实时监督系统。建设全市统一的物联感知管理平台，提升城市"视觉感知"和"状态感知"能力，实时监测城市运行体征；充分利用年度变更调查等传统数据，结合相关行业主管部门数据、手机信令数据、POI（兴趣点）数据等新型大数据，对城市空间实时体检评估；建设国土空间规划"一张图"实施监督系统，围绕国土空间规划"编制－审查－实施－监督－评估－预警"的全生命周期，构建法规政策体系。多措并举，实现问题及时发现、"城市病"协同治理、实时预警、动态跟踪、有效修正规划治理对策，推动城市运行"一屏观、一网管"。

专栏六　构建实时感知平台提升执法效能

成都经开区（龙泉驿区）大气环境智能监管场景从大气环境监测、预警、溯源到整改形成完整闭环。实现违规行为一经发现，实时推送预警信息至监管人员的手机App，监管人员立即奔赴现场核查，并通过手机App将核查情况反馈至智能大气监管系统，经系统推送到区环保部门督促整改，最后将整改措施和效果上传至系统。这一大气环境实时监督系统正推动传统大气监测治理向智能化转变。

资料来源：《成都经开区（龙泉驿区）大气智能大数据监管中心引领智能治气新潮流》，成都市生态环境局，http://sthj.chengdu.gov.cn/cdhbj/c110748/2020－11/03/content_21fab291c8c14f22b545ec1e97a5a330.shtml。

3. 健全司法职能，联动司法场景

公共法律服务由司法行政机关统筹提供，旨在保障公民的基本权利，维护人民群众合法权益，实现社会公平正义和保障人民安居乐业，近年司法部门还强化了新时代司法在社会治理中的关键作用。公园城市的司法服务范畴中，维护生态环境、保障居民活动空间和自然生态和谐共生是重要环节。

公园城市的司法职能首先依赖司法，随着生态文明体制改革的深入推进，生态环境部门履行生态保护监管的职责定位进一步明确，实施生态保护监管，严防各类生态破坏行为，科学推进生态保护修复，充分发挥引导和倒逼作用，促进生产生活方式绿色转型，提升减污降碳能力，不断增强市民对优美生态环境的获得感、幸福感和安全感。成都市通过建立生态司法修复（教育）基地，落实环境资源司法实践，生动诠释生态司法应用场景，以司法服务保障成都全面建设践行新发展理念的公园城市示范区。

专栏七　建立生态司法修复（教育）基地，生动诠释生态司法应用场景

成都公园城市示范区生态司法修复基地（武侯）是成都中院在主城区建立的第一个成都公园城市示范区生态司法修复基地。秉承"一水护田将绿绕，一行白鹭上青天，一区共进践两山，一地赋能达双碳"的建设理念，一站式覆盖水生态修复保护、农田耕地修复保护、巡回审判、劳务代偿等八大功能。

2020年"6·5"世界环境日当天，崇州法院在崇州市委、市政府的大力支持下，牵头与崇州市检察院、规划和自然资源局共同为生态修复教育成都基地（黑石河公园）揭牌，实现成都地区首次将生态、修复、教育与公园城市相结合，为成都公园城市建设践行"司法表达"。

资料来源：《成都主城区首个公园城市示范区生态司法修复基地在武侯区揭牌》，武侯区人民政府，http://www.cdwh.gov.cn/wuhou/c10 6078/2022－06/02/content_1a4694 b20b7f448d99caeffda63773dd.shtml。

成都市强调司法保护与行政执法的有效衔接，联动司法场景，共筑生态环境保护大格局。一直以来，积极拓展生态司法保护功能，以法治思维和法治方式护卫蓝天碧水净土，目前已通过对水生态、农田

耕地、林园等的修复保护实现了司法执法协作、司法生态协同场景。环境资源审判是社会环境治理体系中重要场景之一，崇州法院一直坚持探索"修复为主、补偿为辅"的环境资源审判规则，落实以生态环境修复为中心的损害救济制度，确保惩罚犯罪与生态修复双重效果。

专栏八　积极探索法院和公园城市建设局的司法—执法联动协作机制

2021年12月，四川天府新区法院与天府新区公园城市建设局会签《关于共建公园城市建设领域司法与行政衔接联动工作机制的实施办法》，旨在通过"府院联动"场景，进一步完善司法机关与行政执法机关信息共享机制、纠纷联动化解机制、执行协作一体化机制，优势互补，共同用法治的手段，倒逼建设领域主体依法、依规经营，促进纠纷源头化解，提升建设领域市场秩序的法治化、规范化、诚信化水平，进而促进诚信体系构建和优化营商环境。

资料来源：刘冰玉，《天府新区法院与公园城市建设局会签"府院联动"协作机制》，成都法院网，https://cdfy.chinacourt.gov.cn/article/detail/2021/12/id/6419316.shtml。

4. 打造宣传矩阵，普及守法教育场景

成都市积极思考如何打造在教育中践行公园城市理念的场景，将"以人为本"，人、城、境、业高度和谐统一的发展思路在教育中落地。成都天府新区不断加大普法力度，2020年组织辖内9个街道16个村（社区），陆续开展"法庭进村（社区）"法治宣传活动。利用"@新区普法"微信公众平台开展"公园城市与环境保护"法律知识在线有奖竞答活动。完成落实"宪法进万家"、"以案说法基层行"、"法律七进"普法讲堂、媒体公益普法等活动。区法院开展"天行健·新绿"禁毒教育活动，全体参会人员沿兴隆湖畔进行"活力健康走"，并前往天府新区（四川自贸区）检察院参观"天行健·新绿"

禁毒教育公园及禁毒工作展示大厅。将普法宣传融入生动的公园城市场景中，激发广大市民打造公园城市法治氛围的积极性。

青羊区第六幼儿园龙嘴园区也进行了一系列有益的尝试和研究，致力打造原生态、去功利、可持续的生态园所。从顶层设计思考，实施以"环境生态、教育生态、人文生态"相互融合的生态教育课程，让幼儿亲近自然、乐享生活、回归本原，并通过家、园、社合力，培养幼儿的绿色低碳环保意识。正积极将已有经验和做法提炼汇集为《公园城市理念下的青羊教育表达》一书加以推广，并持续思考与探索公园城市建设与学校教育的融合点，推动区域教育质量的提升。

（三）以共治场景营造为核心，构建融入城市社会细胞肌理的多元社会治理体系

1. 加强政府引领作用，构建多元共治和谐场景

以政府规划为引领，统筹谋划，同时鼓励多元主体共同参与城市社会治理，共享社会发展成果是成都主动适应超大城市治理、分类施策、加速推进公园城市现代化治理的重要政策。成都市率先在全国成立成都市委城乡社区发展治理委员会（简称社治委），由市委常委、组织部部长任社治委主任，统筹推进社区治理创新。成都市创新"党建引领、双线融合"社会治理机制，建立了"市、区、街、社区、网格、小区"六级党组织纵向联动体系，形成了有机统一的社区党建"五线工作法"，探索出找党员、建组织、优机制、抓服务、植文化的小区党建"五步工作法"，整合调动各种力量共同参与社区发展治理；发挥社区党组织贴近群众的纽带功能，根据居民需求构建15分钟街区级、10分钟社区级、5分钟小区级生活服务圈，结合人口时空分布现实情况，合理布局社区公共服务，使每个居民都能享有优质均等的社区医疗、教育和文化体育资源，共享开放、绿色、无障碍的公共空间，全力打造黏合社会价值、生活价值、美学价值等多方面的社区生活场景。

专栏九　多元主体共治社区

为了调动群众参与社会治理的积极性，引导多元主体参与社区治理，完善各类组织积极协同、群众广泛参与的制度，成都组建了15家社区基金会，出台志愿服务激励办法，打造出"在社区·爱成都"的志愿服务品牌。截至目前，全市3.2万个机关、企事业单位、"两新"组织开展社区共建项目10万余个。

资料来源：根据成都市人民政府网站资料整理。

2. 鼓励多元市场主体参与，营造生态宜业场景

城市是经济生产的聚集地，公园城市的建设涉及多个方面，所需投资规模巨大。仅依靠政府难以承担所有投资和解决所有问题，在发挥政府引领作用的同时，也需要鼓励市场主体的共同参与。企业是推动公园城市转型的重要连接点和承载点。企业不仅是公园城市生产方式的重要带头人，也是城市商业繁荣的重要助推器，充分发挥企业对生产消费转型的引导作用，能够有效增强公园城市转型发展的内生动力和可持续性。在碳中和背景下，企业以实现公园城市转型为指引，抓住低碳产业的发展机遇布局清洁能源、绿色光伏、储能、氢能资源利用等产业，不仅能激发公园城市的经济活力，还能够推动优势产业构建生态价值转化机制，发展壮大多元消费业态。通过发挥优势企业对产业链、供应链和价值链的引导作用，推动城市生产和生活方式的转变，促进绿色生产空间与消费场景载体有效融合。

专栏十　构建绿色生产场景，推动绿色低碳循环发展

从产业布局到加强自身绿色底蕴，成都在绿色低碳循环发展上走在全国前列。2022年4月，成都巴莫科技有限责任公司获得国际权威机构SGS颁发的碳中和达成宣告核证声明证书，标志着全球首家达成"零碳"的正极材料生产基地在成都诞生；通威电池片连续5年

太阳能电池出货量保持全球第一；PERC电池转换效率刷新世界纪录；157辆成都制造的氢燃料电池汽车作为赛事服务用车，为北京冬奥会绿色低碳出行提供保障；光伏、锂电等绿色低碳产业集群初具规模。

资料来源：根据成都市新经济发展委员会网站资料整理。

3. 建设品质化现代社区，创建美好宜居场景

场景是城市资源要素有效汇聚、协同作用、价值创造的系统集成，场景融于社区、蕴于城市，各功能场景交互集成形成社区。党的十八大以后，国家层面正式确认"社区治理"概念并在全国广泛实践，社区治理可理解为治理理论在社区层面上的运用，或是对社区范围内的公共事务进行治理[1]。成都市公园城市的场景搭建以宜人宜居宜业为目标，通过城市生态环境与社会的交互和融合构建美好宜居的现代化社区。

（1）深化建设城乡社区发展治理场景

成都市把社区发展治理场景作为推动高质量发展和建设高品质生活宜居地的重要抓手，近年已取得明显成效。勇于创新体制机制，率先设立城乡社区发展治理委员会，形成由社治委牵头抓总、部门分工协作、区（市）县推动落实、镇（街道）和村（社区）具体推进的工作格局。引导多元主体参与社区治理，逐步完善"一核三治、共建共治共享"的新型基层治理体系。推进治理重心下沉，通过完善基层治理制度体系、理顺权责关系、强化资源投入、培育社区专职工作者队伍等举措，形成了有制度、有分工、有资金、有人员的发展格局。

成都市于2021年发布《成都市城乡社区发展治理总体规划

---

[1] 刘怡君、熊海燕、张可：《以需求为导向的公园城市社区治理路径探索》，载《面向高质量发展的空间治理——2021中国城市规划年会论文集》，中国城市规划学会，2021，第828~836页。

(2018～2035年)》，提出对社区进行科学分类，既兼顾了发展，彰显了特色，又为精准施策奠定基础。总体而言，城镇社区治理的重点在小区治理、公共服务、城市更新、消费场景营造等；乡村社区的治理重点在于实施乡村振兴战略，大力发展集体经济，促进城乡一体化发展。总体规划同时也提出打造社区发展治理服务、文化、生态、空间、产业、共治、智慧七大场景，每一类场景营造都兼顾了一般化和差异化举措。比如在城镇社区服务场景中，针对人群的差异化特征提出"全民友好，精准服务"。针对老年人聚集的社区，提供尊老爱老的养老服务；针对青年人聚集的社区，提供时尚活力的青年服务；针对少儿聚集的社区，提供关爱贴心的少儿服务等。

（2）营造全民共治场景

成都市践行人民城市人民建、人民城市为人民的理念，打造宜居宜业的示范区。发挥政府、市场、社会各方力量，为人民提供优质均衡的公共服务、便捷舒适的生活环境、人尽其才的就业创业机会。建立参与制度，打通公众参与城市治理渠道，采取认同度高的治理行动，及时进行线上线下推广；建立全领域积分参与制度，让城市治理从少数人参与逐步向所有人过渡；健全对城市治理先进代表的表彰制度，提升居民对城市的认同感；建立持续改进制度，打通社区居民为社区建言献策通道。

公园城市的治理过程还应强调公众参与，回归人本，帮助民众实现利益认同与情感认同，这主要体现在治理过程中的参与感、行动结束后的价值感以及行动后续带来的成就感等方面。成都的天府中心和兴隆湖国际化社区是在公园城市理念指导下进行规划建设的国际化社区，通过不同的路径探索高品质城市社区在人本需求导向下的高效治理模式。天府中心国际化社区的治理，首先以党建工作为统领，为搭建协同共治平台提供坚强的政治保障和组织保障。然后由街道办制定政策并进行宏观把控，招募社区运营商引入资本。这两个主体同时由第三方机构进行监管，定期评估运营效果，及时反馈市场信息。社区的运营和治理分为产业服务、生活服务和品牌服务三个板块。兴隆湖国际化社区的治理理念是突出新经济产业核心功能，探索以人为中心，以业引人、以城聚人、以境融人，"人、城、境、业"高度融合的国际化社区发展新范式。在此理念引导下，搭建"1+2+N"共建共治共享组织架构，即由成都科学城区域联合党委引领、新经济产业服务平台和个人成长平台两大平台支撑、多类型专业社会组织覆盖的社区治理构架。创新政企共同参与社区治理运营新模式，由社区运营商以商业化逻辑运营社区；依托社区运营商，探索社区运营管理智慧化、资源共享平台化、协同治理多元化的社区治理新模式（见图2）。

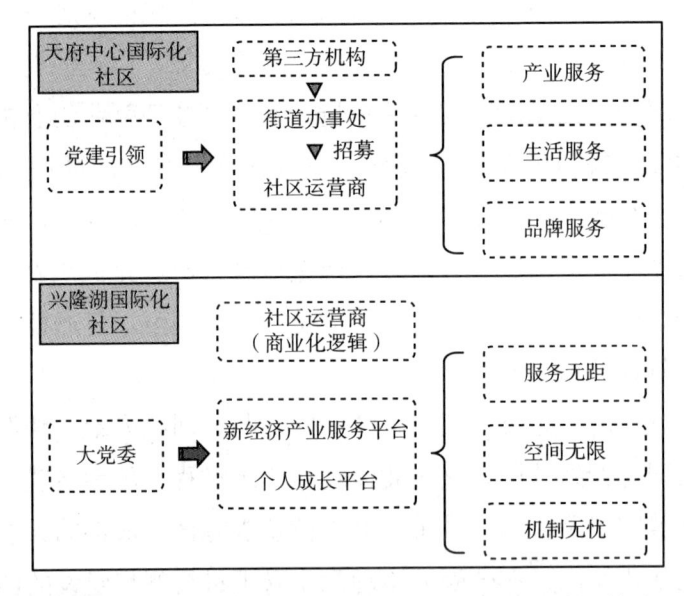

图2 成都市天府中心国际化社区和兴隆湖国际化社区的治理框架

资料来源：刘怡君、熊海燕、张可，《以需求为导向的公园城市社区治理路径探索》，载《面向高质量发展的空间治理——2021中国城市规划年会论文集》，中国城市规划学会，2021，第828~836页。

（3）发展社区商业场景

升级社区业态，大力发展社区商业服务。加快建设邻里中心、生活体验馆等综合服务设施，探索社区孵化、园区转化的双创机制，鼓励发展社区社会企业，营造体验消费、创新创意的多层次公园社区商业场景，让社区成为留住烟火气和体现慢生活城市品质的重要载体。鼓励市场主体参与绿色开放空间多元营运，依法以商业收益反哺运营维护。按照政府主导、市场主体、商业化逻辑的原则，通过营造生态景观、构建生态场景、实施生态项目，顺应个性化、体验化、品质化消费趋势，打造新业态、培育新场景、创造新消费，推动公园城市生态、经济、美学、人文、生活、社会等多元价值持续增值。

同时，鼓励以生态建设营造景观，以招引企业集聚资源，以产业融合实现增值，在乡村形成特色镇（村）、川西林盘、新型社区、精品民宿互为支撑的旅游目的地和消费场景、生活空间、商业形态。推进社区商业消费场景的数字化，在商圈、特色街区布局商业"新基建"，推动商贸企业应用社交电商、直播带货、云消费等方式开展数字化转型，以商品、服务的情境交融实现场景创新。拓展云展览、云逛街等消费新空间，构建智能化沉浸式体验新场景。融合天府文化创新商业场景，围绕"三城三都"建设，发展"文创＋""体育＋""美食＋""音乐＋""会展＋"等新业态，推进VR/AR等新技术在文化商业集聚区、旅游休闲街区的创新应用，建设一批文旅商体综合体。

专栏十一　公园城市新商业场景

温江区的江安河光华段水生态环境综合整治工程开创性应用"蓝网＋绿道＋商业"的建设模式，在人居聚集度高的地段打造"水生态＋新夜景＋公园城市"新消费融合示范场景，一经投用就成为"网红打卡地"。植入阳光草坪、音乐喷泉、书香阅读角、川派盆景园、时光隧道等系列景观小品，实现绿道的创意表达；将滨河景观绿道与休闲商业融合，布局儿童娱乐、休闲咖啡、茶艺、网红特色餐饮、主题餐酒吧等业态，打造文化、食悦、闲趣、智能等四大主题消费场景。

资料来源：《从"首提地"到"示范区"，公园城市有美景更有场景》，http：//cdxjj.chengdu.gov.cn/xjjfzw/c005004002/2022－04/21/content_7c735d4a28ec421d801cae4c5fc2b021.shtml。

（4）提升品质社区场景

以满足社区居民基本生态、生活、生产需求为目标，建设功能完善、业态齐全、居商和谐的品质化便民生活场景。推进居住社区补短板，提供养老、托育、医疗、体育、助残等公共服务，发展符合居民家政、休闲、社交、购物等需求的社区商业，引导社区物业延伸发展基础性、嵌入式服务，探索发展完整社区和智慧社区等。完善老旧小区及周边水电路气信等配套设施，改善居民基本居住条件。已累计完成老旧城区改造项目859个，背街小巷整治3257个，打造社区特色场景5000余个，改造社区党群服务中心3039个，集成提供民生服务100余项。

根据社区功能差异，有序对乡村社区、城市社区和产业社区设施实施分类升级改造，引导发展各类线上线下社区服务。聚焦"一老一小"，完善社区居家养老服务网络体系建设，大力发展公益性社区托育托幼服务，建设全龄友好社区。同时，成都还将加快布局"15—10—5分钟"街区级、社区级、小区级生活服务圈，创新公共服务设施投资建设机制，探索公共服务品牌化、集团化发展模式，鼓励引导社会力量参与投资、建设、管理和运营，提升教育、医疗、养老等民生事业发展水平。

（四）普及绿色生活方式，打造"碳惠天府"生活场景

以碳中和为目标打造绿色生活场景。营造绿色消费场景，引导商超、餐饮、景区、酒店等消费领域实施低碳管理。营造环境健康场景，持续推进固体废弃物源头减量和资源化利用，引导市民共同创建"无废城市"，提供土净地美、简约健康的人居环境。推行绿色出行场景，推广共享汽车、共享单车等出行方式，建设"轨道生活＋Metro more"地铁商业场景，推进"轨道＋公交＋慢行"三网融合，构建绿色交通体系。

完善"碳惠天府"场景，利用"碳惠天府"的互联网品牌平台，鼓励市民低碳生活方式，对公众低碳出行、低碳环保等行为发放碳积分奖励，在国内首创"公众碳减排积分奖励、项目碳减排量开发运营"碳普惠建设双路径。为企业提供交易平台，与有"碳中和"意愿的买方进行交易，实现碳资产变现。在环境日、地球日、低碳日等特殊时间节点开展城市低碳马拉松、"践行低碳生活·共建美好家园"、碳惠天府示范项目"进学校、进楼宇、进餐饮"等丰富多彩的系列主题活动，普及绿色低碳发展理念（见图3）。

"碳惠天府"的建设充分融入成都元素，打造具有成都特色的公园城市生活场景。紧扣"三城三都"品牌塑造，构建低碳餐饮、商超、景区、酒店等生活消费场景，鼓励低碳办会和大型活动碳中和；突出公园城市价值转换，推动龙泉山城市森林公园、天府绿道、川西林盘等重大生态环境工程的碳汇向资产转变；注重自生长、可持续运营，以熊猫和神鸟的形象打造特色IP，并联合学校、本地知名企业举办绿色低碳主题公益活动，宣传推广绿色生活方式（见图4）。致力于用最方便、最直接的方式将"碳惠天府"展现给大众，并借助多样化宣传方式和生动的形象提升"碳惠天府"对市民的吸引力。

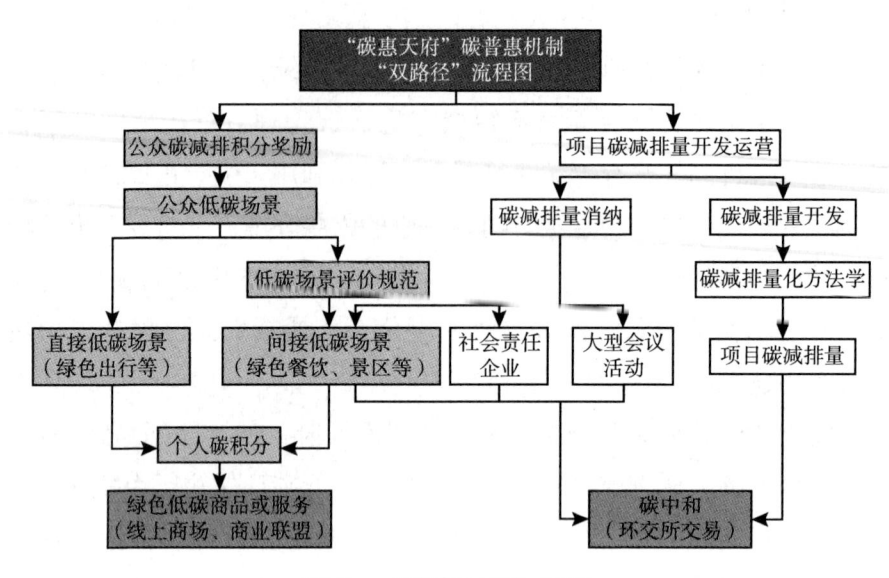

图 3　"碳惠天府"机制

资料来源：成都市生态环境局，《"碳惠天府"助力绿色低碳发展》，http://sthj.chengdu.gov.cn/cdhbj/c110778/2020-05/26/content_c9f07db03521490f92f248959d2dcf35.shtml。

图 4　"碳惠天府"微信小程序界面：IP 熊猫碳碳和神鸟金叫唤

三 成都市公园城市治理的经验与成效

2022年3月，经国务院批复同意，国家发改委等三部门联合印发《成都建设践行新发展理念的公园城市示范区总体方案》。在治理方面，总体方案明确提出成都建设城市治理现代化示范区的目标，要求"践行一流城市要有一流治理的理念，推动城市治理体系和治理能力现代化，创新治理理念、治理模式、治理手段，全面提升安全韧性水平和抵御冲击能力，使城市治理更加科学化、精细化、智能化，率先探索符合超大特大城市特点和发展规律的治理路径"。围绕创新治理理念、治理模式、治理手段，成都探索创新治理路径，取得示范性的经验与成效。

（一）以创新体制机制为引领，构建公园城市治理体系

"满足人民群众对美好生活的向往"是成都市公园城市建设的终极目标，政府勇于适应社会经济发展是成都公园城市治理体系的核心。在实践现代化的治理过程中，成都公园城市初步建立起党委领导、政府负责、民主协商、社会协同、公众参与、法治保障、科技支撑的社会治理体系，建设人人有责、人人尽责、人人享有的社会治理共同体，确保公园城市示范区建设高效推进。

坚持党建引领，统筹政府、社会、市民多元主体，提升基层治理体系建设，提升公园城市治理效能。成立高规格的公园城市建设领导小组统筹公园城市建设。领导小组办公室设在市发改委，实体化运行，统筹协调市公园城市建设管理局、市规划和自然资源局、市住建局等职能部门总体部署重大事项及重要问题。2019年正式跨部门设置成都市公园城市建设管理局作为专业化执行机构，为指导和规划公园城市建设总体设计和组织领导特别成立的重要工作部门，主要负责管理公园城市场景建设、推动公园城市产城一体化发展以及相关生态

管理和修复工作。此外，还在区（市）县设置专门的公园城市建设管理工作部门或职能机构。成都基于公园城市新场景发布"城市机会清单""城市未来场景实验室""场景示范"等创新举措，建立场景联动机制，培育公园城市市场主体。构建"管委会＋产业局＋街道＋平台公司"的政府与社会协同工作机制推动生态价值高效转化；通过社区发展治理营造全民参与的公园城市治理体系（见图5）。

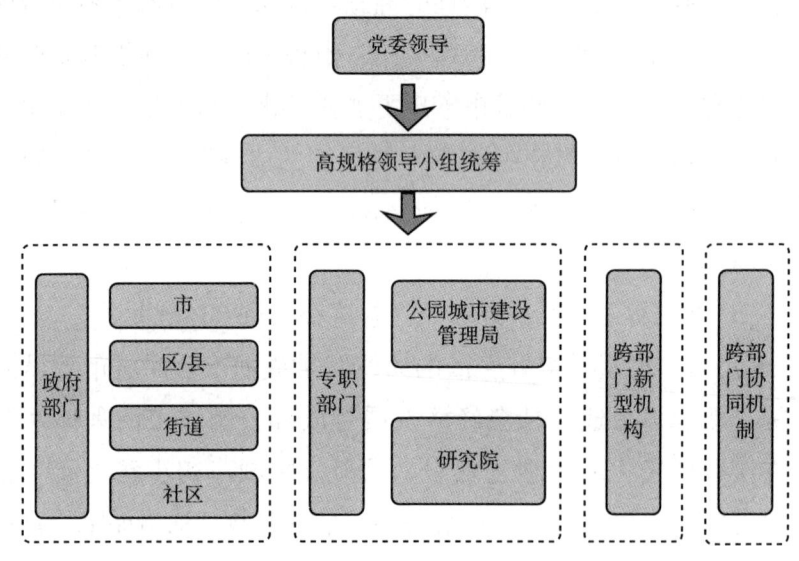

图 5 成都公园城市管理机构体系

（二）以实现生态价值转化为核心，挖掘公园城市经济治理新动能

强调城市生态价值是习近平总书记关于公园城市发展理念的重点论述，以生态价值凸显公园城市的特征也是对生态文明理论的发展和转化。"绿水青山就是金山银山"体现了物质发展和人文发展的融合。公园城市的建设就是要以生态价值转化为核心，以生态优先为引领，推进高质量发展。在公园城市转型的引领下，成都市坚持生态优先、绿色发展的道路，在城区推动产城融合，优化产业结构，建设绿色生产体系，提升产业"含绿量"，推动实现产业生态化和生态产业化发展；2022年5月发布的《成都市优化产业结构促进城市绿色低碳发展行动方案》为现有产业绿色化发展、提升新兴产业"含绿量"规划发展方向，要求持续做强光伏、锂电、新能源汽车、氢能商用化产业，为制造业高质量发展提供动能，同时为培育新型储能产业链打好基础。在城郊以川西林盘、龙泉山城市森林公园等特色生态资源为依托，对生态价值核算及转化开展先期探索，实践公园城市的乡村表达，为厚植生态本底的长效运营维护和可持续发展提供解决方案（见图6）。

```
                    生态优先低碳引领
                   ↙              ↘
  ·持续做强光伏、锂电、新能源      ·探索生态价值核算及转化
   汽车、氢能商用化产业            ·实现公园城市乡村表达
  ·培育新型储能产业链
```

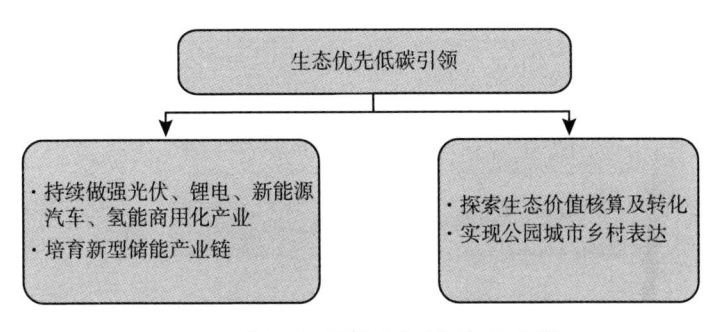

图6 成都公园城市经济治理路径

（三）以构建精细化生态良法体系为抓手，不断完善公园城市法治保障

良法是践行以新发展理念为引领的公园城市示范区建设以人民为中心推动成都市高质量发展的重要保障。为了持续推动成都宜居宜业公园城市建设科学、健康地开展，2021年7月29日，四川省第十三届人民代表大会常务委员会第二十九次会议批准《成都市美丽宜居公园城市建设条例》。该条例已于2021年10月1日起生效实施，这也是国内首部制定出台的公园城市领域地方性立法，从生态本底、空间格局、以人为本、绿色发展、低碳生活、价值转化、安全韧性、可持续发展、监督检查多个方面，通过法律的形式对2035年需要实现的生态指标作出规定，将公园城市建设目标和要求固定下来，形成公园

城市法律法规的顶层设计，并对相关标准作出具体规划，提高了公园城市建设的可操作性和目标性。

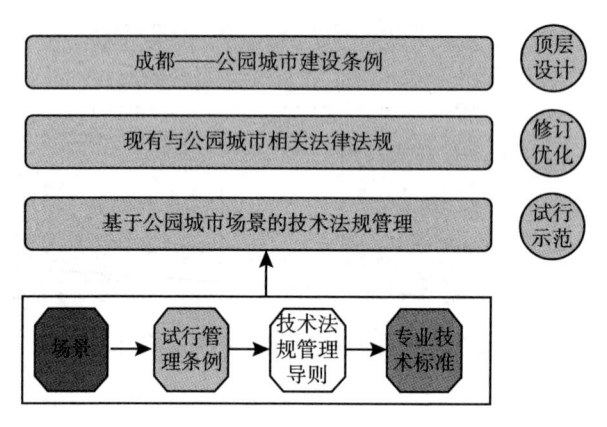

在公园城市精细化治理过程中，成都注重优化修订与公园城市相关的法律法规，使之与公园城市建设和治理的新要求适应匹配，以生态良法为目标更新升级现有法律体系；与此同时，基于公园城市新场景制定和试行管理条例，针对示范性的场景发布技术法规管理导则，并分级分类细化形成专业技术标准，再回归到多元同类场景中反复检验，最终形成制度化、标准化、法规化的良法善治体系（见图7）。

图7 成都公园城市法治体系建设路径

（四）以全民参与治理为目标，构建公园城市社会治理多元共治格局

党的十八大将城乡社区治理提升为重要执政战略，各级政府开始通过社会治理替代社会管理，党的第十九届中央委员会第四次全体会议提出建设"人人有责、人人尽责、人人享有的社会治理共同体"，社会治理逐渐在实践层面得到广泛运用。成都市在公园城市"共建共治共享"理念指导下，对社会治理展开了一系列探索，取得了丰富的经验。成都市在社会治理现代化中坚持以党建为引领，自上而下地为成都构建多元共治的新局面谋划了出路，在推进社会治理现代化的进程中不断夯实党的执政根基。将党政机关、市场、社会组织、居民自治组织等利益主体联合起来，鼓励社会公共事务主体自主参与、民主协商，实现对公共事务的共同治理。成都市各街道和社区也通过自下而上的治理方式调动居民积极性，以场景为起点，发挥基层社会组织的重要作用，引导居民共策、共建、共治、共享社区发展治理的成果，在推动居民居住环境改善的同时，也能带来更强的归属感和获得感，为公园城市转型奠定坚实的基础。成都市在公园城市转型过程中兼顾不同群体的利益，探索"政府主导、全民参与"的共治之路。以政府、社会、市民三大治理主体为基础，向各研究机构和社会团体借智借力，完善基层治理民主协商；正确处理政府与社会的关系，推动治理方式由单一向多元转变，构建网格化管理，广泛汇聚基层治理力量，构建共建、共治、共享的治理格局，最大限度地发挥全民参与治理的能动性和创造性，推动形成全民参与公园城市建设的多元共治模式（见图8）。

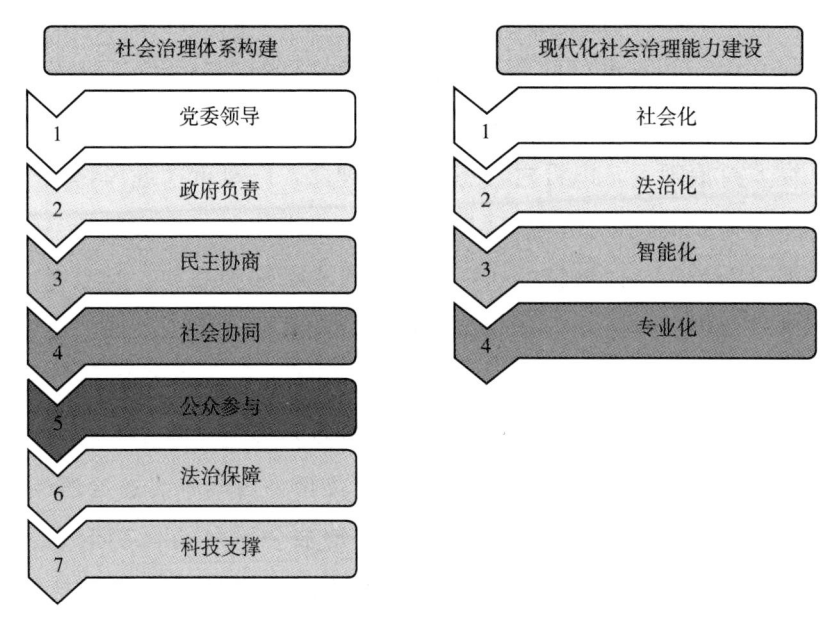

社会治理体系构建	现代化社会治理能力建设
1 党委领导	1 社会化
2 政府负责	2 法治化
3 民主协商	3 智能化
4 社会协同	4 专业化
5 公众参与	
6 法治保障	
7 科技支撑	

图8 公园城市社会治理体系架构

（五）以文脉传承和彰显为导向，铸就公园城市文化治理特色

彰显城市特色文化也是公园城市治理必不可少的一个方面。成都市通过梳理城市本身属性特征，分析当地特色文化和美学特征，找到与自身社会生活、文化特点和发展变化的连接点，形成"雪山下的公园城市、烟火里的幸福成都"的文化名片，在城市文化建设、文创发展方面发挥持续引领作用。从消费和美学角度促进公园城市文化产业发展，推动天府文化持续传播、创新发展，将城市文创与美学设计、城市经济发展、居民美好生活融合，开发了一系列镌刻成都印记的"现象级IP"，推动成都城市软实力不断提升。

在城市内部空间治理上，成都市以135条背街小巷为文脉传承的载体和场景，从社区、街道、人口等单元中挖掘特定区域文化与价值观，结合街巷特色进行城市空间的优化治理。结合不同区域街道的发展规律及文化特色，形成"一街一文化"的建设特色。针对不同社区、基础设施、文化背景等进行场景打造，通过街道场景来反映特定区域人群的空间行为和现代生活秩序，在提升公共空间品质的同时凸显成都文化，采取自下而上的方法提升居民的创造性和自我表达能力，改善人居环境，提升居民归属感。

在乡村治理上，以百村百态为规划理念，以尊重地理风物及产业结构差异为原则，以社会治理与社区营造标准化和艺术审美与空间设计标准化为核心，以独特的历史文脉和人文情怀为亮点，对乡村生态资源进行整理、修复和保护。以特色建筑和乡情意境为本地居民提供更加生态宜居的居住环境，同时也以此为特色盘活乡村特色旅游资源，推动生态价值转换，实现公园城市的乡村表达（见图9）。

（六）以塑造良好生态为原则，持续优化公园城市生态治理能力

成都市以塑造良好生态为原则，在塑造公园城市优美形态、挖掘和释放生态产品价值、增强公园城市的内生增长动力和可持续发展能力等方面取得了值得借鉴的经验。在顶层设计方面，通过统筹

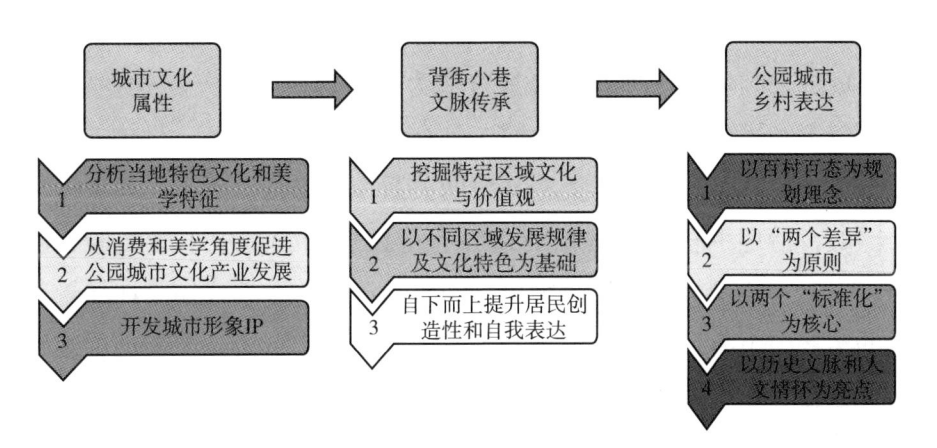

图 9　公园城市文化治理模式

谋划为成都市布局更深层次、更广领域的环境治理法规、标准及政策，完善生态治理法规体系，充分调动政府、社会、企业、公众等各方力量共同推进公园城市生态治理。在实际操作中，以"五步闭环工作法"统筹环境治理的各个要素，提高工作效率。同时抓住网格化管理改革的契机，推动城市、社区、水务等职能不同的网格力量进行微环境生态治理，使各治理主体之间进行良性互动、互相推进，共同促进生态环境治理。最后通过发挥市场作用，深挖具有特色的生态产品，打造民宿等生态特色产品，推动乡村全面振兴，实现城市高质量发展。

四　成都市公园城市治理的问题与挑战

成都公园城市的建设不是一蹴而就的，其治理革新过程是以场景营造持续更新城市社会有机体的过程，也是坚持改革、破除路径依赖、重塑治理体系的过程。以场景营造为引领，契合公园城市治理内涵要求，成都面临如下挑战。

（一）"公"的人民性需要进一步通过多元共治的场景营造彰显

成都公园城市治理通过场景营造为引领，初步建立起党委领导、政府负责、民主协商、社会协同、公众参与、法治保障、科技支撑的社会治理体系，治理主体类型和协同关系不断丰富。然而，各主体在公园城市治理中权力和责任的边界有待在场景营造中不断实验、明晰；多元主体参与治理的激励机制和协同治理关系模式还需在场景营造的实践中不断探索更新；治理资源需要进一步下沉，赋能基层组织与社会公众，努力使责任、权力和治理能力相匹配；以人民为中心，人人共享福祉的公园城市公共服务共享机制还需统筹协调，实现民众需求与治理成果有机衔接，建设人人有责、人人尽责、人人享有的社会治理共同体。

（二）"园"的生态性需要通过生态建设融入城市治理的场景营造筑牢

公园城市治理的生态性体现为造就山水人城和谐相融的公园城市场景，践行"绿水青山就是金山银山"的生态价值观，实现自然治人、人治自然、社会共治的生态与社会双向交互治理新模式。但囿于历史原因和已经固化的传统城市治理结构，生态建设主要通过城市生态修复、景观美化来实现，依据全新的生态文明价值观营造的治理场景初现端倪，未全面融入城市肌理，产城分离的情况还将长期存在；把优美生态环境、秀丽自然景观转换为对经济社会发展的有力支撑的生态价值转化机制需在探索中进一步确立；生态与社会的双向感知与交互需要在生态感知中台建设方面加大投入。

（三）"城"的整体性需要通过加快提炼和推广场景营造经验持续改善

整体性治理要求以问题解决为核心，整合各类治理要素，集成各种治理场景，突破壁垒，再造流程，破解传统城市治理碎片化的难题，为超大城市的治理提供可行的示范性方案。成都在公园城市建设过程中，通过场景营造形成了从单一场景试验、管理导则发布，再到技术标准细化，最终在多元同类场景中反复检验完成制度化过程的闭环，探索出完善良法善治体系的可行路径。但是由于将场景营城提升到公园城市示范区建设高度还刚不久，相关制度、标准、法规的出台尚处于初步建立阶段，亟须加速推进和升级，高效完善公园城市治理的良法善治体系。在法治的框架下，重塑公园城市的治理格局和运行机制。

（四）"市"的现代性需要进一步通过智慧治理的场景营造加以提升

公园城市的治理能力体现在执行公园城市相关制度的能力和效率。基于丰富治理场景，增强智慧治理能力已被证实是可以高效赋能治理体系的方式。成都是常住人口超过2000万的超大型城市，其高效运转必须依赖于智慧赋能的现代化治理体系，即将公园城市的场景营造与智慧城市的基底深度融合，革新治理手段，提高治理效能。但是囿于"信息孤岛"数据联通障碍、数字基础设施建设速度以及技术手段的成熟度和有效性，公园城市的智慧治理场景丰富度还需充实，智慧治理手段的高效运用亟须在场景中训练。城市大脑的算力、稳定性和能源供给方式需要分阶段、有计划地迭代提升，生态系统与城市社会的实时感知与交互的神经网络建设刚具雏形，深入城市社会细胞肌理、高效配置信息和资源的智慧化社会治理网络建设尚处于基层社区试验探索的阶段。

五　成都市公园城市治理的政策建议

（一）创新体制机制，统筹公园城市治理体系建设

成都探索公园城市示范区建设最核心的意涵之一即为创新体制机制，从场景营城出发自下而上创新治理机制，破解传统城市治理难题，重建契合公园城市发展的体制环境。首先，要坚持党的领导，注

重顶层设计，以政府为引领有序推进；其次，要以人民为中心，将顶层设计与鼓励基层实践相结合，形成多元共治的合力；再次，要以市场为资源配置手段，探索实现生态价值转化的长效机制；最后，要以场景营造为破题关键，探索管治、自治、多元共治协同交互的公园城市场景化治理新模式。

（二）补齐治理短板，促进公园城市多元共治格局形成

公园城市转型应以人人共建、共享、共治城市为愿景，构建城市居民与自然环境和谐共生的宜居宜业之地。通过制度保障所有群体的平等权益是公园城市建设的重点议题之一。政府部门、企业、学者、公众等都是公园城市的重要参与者和推动者，应该共同参与重塑和变革公园城市建设、管理和生活的方式。政府应积极牵头搭建多方平等对话平台和机制，推动不同部门、不同层级之间的沟通交流。同时也要注重鼓励社会团体、高校研究机构、市场主体参与公园城市治理，促进不同利益相关方之间的对话与共治。通过广泛动员公众参与，引导公众自治和参与公园城市共治，推动公园城市建设和治理的福祉全民共享。

（三）加强法制保障，完善公园城市治理良法善治体系

从"管理"到"治理"，从"法制"到"法治"，我国法治建设不断革新。公园城市要顺应生态文明理念下生态—文明双向多元善治的治理模式，以良法促进发展、保障善治。健全和完善公园城市的生态良法体系，应从科学立法、严格执法、公正司法、全民守法这四个方面全面推进。一是科学立法，充分考虑公园城市特点和市民诉求，结合公园城市落地化建设的场景，建立和完善法律规范体系，丰富公园城市的法治供给。二是严格执法，充分发挥法律法规的约束作用，持续推进公园城市的生态保护工作。三是公正司法，健全司法职能，确保各项法律规定从纸面走入生活，各项权利从制度走向现实，以公正司法维护和优化公园城市的公共服务。四是呼吁全民守法，通过普及

法律教育等手段，提升公园城市居民素养，共同维护法律尊严和城市秩序。

（四）加快智慧城市建设，赋能公园城市治理体系现代化

智慧城市数字基础设施是实现智慧治理不可或缺的基础条件。基于丰富治理场景，增强数字化治理能力，首先需要在市政光纤、基础算力、WiFi热点网络、智能路灯、闭路电视监视器网络等硬件基础设施上加大投入；其次要加快嵌入空中、地面、地下、河道等各层面的传感器网络布设，以及工业规模级别的数据收集体系建设，营造公园城市生态与社会交互治理的场景，推动相关治理技术提升；再次应在保护数据隐私和安全的情况下、在既定政策框架内支持公共和私营部门之间的数据共享，破除"信息孤岛"和大数据联通障碍；最后要推动智慧理政和智慧社区设施体系建设，以智慧手段推动社区治理体制机制的转型。通过多元主体协作统筹数据的采集、应用和共享，用新技术、新理念再造流程，不断创新公园城市模式和场景应用，推动政府做好数据监管者的工作任务。

第三篇　典型案例

案例一 多类型公园城市示范片区

——青白江区的探索实践

一 案例背景

近年来,青白江区紧扣国家"一带一路"倡议,围绕省委"一干多支、五区协同""四向拓展、全域开放"决策部署,以成都建设践行新发展理念的公园城市示范区为统揽,围绕本地生产、生活、生态和治理四个方面展开公园城市场景营造研究。2021年青白江区积极推进首批次、二批次共6个公园城市示范片区建设工作,各项年度考核目标均已完成。公园城市示范片区启动面积共计1786公顷,累计完成近期行动项目20个。首批次公园城市示范片区中,欧洲产业城产业型公园城市示范片区已全面建成,福洪国际康养山水型公园城市示范片区初步建成,大时代1956街区型公园城市示范片区完成核心区建设。二批次公园城市示范片区中,国际铁路港产业型、城厢古镇人文型、同华大道街区型3个公园城市示范片区均启动建设。

二 主要做法

(一)以"人—城—产"理念塑造产业新城

欧洲产业城产业型公园城市示范片区围绕构建亚蓉欧适铁临港智

能制造基地，自"白纸描图、平地立城"以来迅速成势成型。示范片区内，蓉欧智能制造产业园已基本形成产业承载能力，标准化厂房签约覆盖率达90%，康佳电子、埃尔法等项目已投产，思爱普等5家创新及总部类型企业已入驻；公服配套进一步完善，蓉欧政务服务中心已揭牌投用，邻里中心及人才公寓已建成交付，公园绿道连线成网与产业园区相融，以良好的生态生活环境"筑巢引凤"吸引人才和产业要素聚集。

国际铁路港产业型公园城市示范片区叠加国家级经开区、综合保税区等机遇优势，进一步推动国际贸易、现代物流、保税加工三大主导产业发展，2021年示范片区内产值达12亿元。重点推进核心区亚蓉欧国家（商品）馆集群建设，累计入驻特色场馆项目34个、投运29个，打造"一带一路"特色商品展示展销和对外文化交往的重要平台。坚持推动示范片区"产—城—人"向"人—城—产"发展转变，通过建设陆港绿道有效增加蓝绿生态空间、改善产业园区生态环境，吸引示范片区内首个居住区项目保利青江花园落地开工，促进示范片区职住平衡。

（二）以城市更新激发城市活力

大时代1956街区型公园城市示范片区以老工业基地转型升级为契机，积极推进棚改和旧城改造，腾退近千亩土地为示范片区发展预留空间。核心区内，长流河公园引入专业公司运营体育、餐饮、教育等多样业态，万达广场商业综合体发挥人气聚集效应，万达·公园里1期商住小区竣工交付，促使人居环境品质显著改善、街区型公园城市形态雏形初现，强力带动区域价值回归；2021年新出让核心区湖畔住兼商土地54.5亩，将持续吸引居住人口"回流"，为示范片区注入活力、拉动消费增长。

城厢古镇人文型公园城市示范片区以古镇文旅项目为支撑，最大限度地保留历史风貌、传承文化记忆。借智借力，邀请国内外知名企业、专家、高校等专业团队开展规划设计研究，提炼出"留人留形留神韵，见人见物见生活"的城厢天府文化原真生活小镇发展特色。摸清家底，陆续对西街等传统街巷及历史建筑实施保护、修复并活化利用，夯实公园城市人文基础；2021年武庙、邓公楼、绣川书院、城厢中学等点位以修复更新后的景观风貌及功能承载喜迎古镇首期开放。攻坚克难，通过清单管理、定期会商、分类施策等措施，积极推进遗留问题化解和房屋土地依法腾退，竭力保障示范片区建设用地。

（三）以生态效益推进乡村振兴

福洪国际康养山水型公园城市示范片区利用龙泉山城市森林公园与青新通风廊道间优越的自然生态条件，吸引农商文旅体康养产业组团布局、融合发展。核心区"我的田园"旅游度假区2021年结合"水美乡村"行动实施桤木河流域综合整治，实现3公里水生态空间"河畅、水清、岸绿、景美"的治理目标，提升园区生态本底；新植近500亩地肤草海，打造大地景观网红打卡点，2021年国庆期间吸引游客近6万人次。重点支撑项目杏花国际健康生态产业园完成第一照护区建设并投入试运营，中清云谷智慧生态康养基地开工建设，国际康养品牌影响力逐步扩大。

打好蓝天、碧水、净土保卫战。实施燃气锅炉低氮燃烧技术改造、挥发性有机物治理等20余项管理措施，在全区范围内设置111个监测站，构建起全覆盖大气监测网络。实施强效治理，划定全域为高排放非道路移动机械禁止使用区，全域淘汰燃煤锅炉，引入3D气溶胶激光雷达扫描和超清水雾系统除尘降霾，完成台玻、王牌、巨石、瀚江等重点行业企业涉气工程治理。坚持"重拳治水"，推行项目治水、生态治水、智慧治水，全面落实河长制，加强水污染防治，推动水生态修复。"十三五"期间，共计投入约45亿元完成94个涉水项目建设，实施主要水污染物减排项目14个，累计削减化学需氧量3019.5吨、氨氮681.84吨。坚持"预防为主、保护优先、风险管控",制定土壤污染防治"三张清单",强化部门联动,确保全区无不符合土壤环境质量要求的土地进入用地程序,群众对环境质量满意度不断提升。

(四)以社区治理调动公众参与

同华人道街区型公园城市示范片区依托开放式的城市生态绿廊及凤凰里·水街、园艺植物科普馆等绿道驿站,串联沿线较为成熟的居住组团,塑造高品质和谐宜居生活社区,促进共建共治共享。区级部门、社区、企业及社会团体等多方参与,积极组织文化展演和社区活动,开展园林式居住小区创建等环境品质提升工作,调动公众参与积极性,提升居民幸福感、获得感。2021年,该示范片区开展庆祝建党100周年文艺晚会及党史知识竞答、"平民英雄'救'在身边"主题讲堂、彩虹屋儿童之家建设、街头艺人表演等各类活动(专项行动)近20场,累积创建市、区两级园林式居住小区12个、公园城市示范街区5处,打造"回家的路(上班的路)"幸福社区绿道8条,引导社会企业建设公共绿地3000平方米。

三 建设成效

(一)建设一流营商环境

一是聚焦办事不出功能区,高标准设立蓉欧政务服务中心,为欧洲产业城产业型示范片区及周边企业提供涉企、涉外、人才及员工服务,着力提升政务服务现代化、国际化水平。截至目前办件量逾3000件,服务企业及人才500余次、服务群众约3000人次,服务满意率达100%。二是创建"管家小欧"服务品牌,遵循"不叫不到、随叫随到、服务周到"的工作要求,为示范片区企业提供从证照办理到"衣食住行"的全生命周期服务。按照"一企一专员"模式走访企业，为企业解决 200 余条事项；建立小欧联席会议制度，为企业解决 160 多个燃眉之急。

（二）深入营造特色场景

一是亚蓉欧国家（商品）馆全方位强化平台功能。国家馆建筑集群紧扣国际铁路港产业型公园城市示范片区定位，打造具有欧洲市井街道景观的步行街区和异域国家风情的各色场馆，获评 2021 年成都市特色消费新场景，其中新西兰馆等在进行特色商品展销的基础上，引进留学咨询等服务业务，充分发挥对外交流功能。此外，亚蓉欧国家（商品）馆 2021 年还承办了成都新经济"双千"发布会产业功能区高品质会客厅专场活动、CTV 青白江国际音乐节、金秋嗨购节等各类活动 20 余场，涉及新经济发展、文化赛事、商品展销等多个领域。二是城厢古镇建设运营逐步齐驱并进。结合五一、国庆假期出游热潮，以更新活化后的家珍公园、绣川书院、武庙等为载体开展"厢邀春游""国风文化季"系列营销、文化活动；五一、国庆旅游人次合计 15 万人次。引入"Localand 本地"品牌四川首店，建设涵盖地方记忆博物馆、文创艺术、社区营造、在地美食等不同类型场景的 Localand 城厢会客馆；2021 年 Localand 城厢会客馆获评成都市美丽宜居公园城市"红点""奇点"优胜人气点位奖。

四 经验总结

（一）以公园城市理念引领城市更新，持续激发旧城活力

一是以青白江老工业基地代表——川化、攀成钢转型升级为契机，优化突出"一中心、双公园、多片区、多节点"的片区空间结构，塑造大时代 1956 街区型公园城市示范片区；长流河公园、万达广场商业中心已迅速成为老城区聚集人气的活力新核心，有效改善生态人居环境。二是打造城厢天府文化古镇，以"古城疏解、生态缓

冲、外围集聚、组团发展"的思路重构空间布局；通过修复保护绣川书院、西街等古镇建筑街巷风貌，新改建东湖、家珍公园等，提升古镇片区城市品质，为发展文旅商业、打造成都平原的天府文化名片夯实基础。

（二）以景观化标准建设产业功能区，"人城产"可持续发展

一是国际铁路港临港产业功能区已建成陆港绿道、蓉欧之心滨河绿道，正在推进建设国际铁路港产业型公园城市示范片区。二是欧洲产业城依托桤木河改道工程建设沿线打造滨水绿道，围绕首个毗河以南城市公园——东山公园，串联蓉欧智谷大楼、蓉欧智能制造产业园等，集中展示现代化产业新城形象。三是先进材料功能区已建成长流河公园、双元大道公园绿地建设项目等，提升进出青白江区门户形象。

（三）以优质自然生态本底塑景琢园，转化绿水青山价值

一是抓好优质绿色产业建设招引，有序推进"我的田园"旅游度假区、杏花国际健康生态产业园、中清云谷智慧生态康养基地3个在建项目建设，启动桤木河流域综合整治工程。示范片区核心区项目——"我的田园"旅游度假区初步形成文化交流活动场所和国际消费新场景。二是建设龙泉山城市森林公园青白江片区，推进增绿增景、减人减房、旅游环线等专项工作，助力成都打造世界级品质城市绿心。三是筑牢生态本底。聚焦全域增绿，实施龙泉山生态提升、川西林盘保护修复、国土绿化等重点生态项目，区域生态空间进一步优化。实施城镇生活垃圾分类减量化行动，建立农村生活垃圾收集转运制度，改善人居环境。

（四）以成德同城化发展为指导方向，整合区域优势资源

主动把握成渝地区双城经济圈、成德眉资同城化发展契机，以"凤凰湖－三星湖"街区型公园城市示范片区为引领，加快建设青白江广汉融合发展示范区。发挥成都国际铁路港区位优势，深化"一带

一路"交流合作，成功招引 CTV 青白江国际音乐节，举办 TST 国际街舞邀请赛、成都友城青年音乐周分会场、诗画剧《舞韵天府》、绣川讲坛等高品质文化交流活动。

（供稿单位：成都市青白江区社会科学界联合会）

案例二　公园城市更新改造样板

——金牛区绿色发展的探索实践

一　案例背景

茶店子"岛形"地带的成形，起始于20世纪六七十年代。上风上水的地势之利，加上这里是成都主城区向西通往郫都区、都江堰的交通要道，人气、商气迅速在这里聚集，先后落地了中国电子科技集团第10、第29研究所，武警水电部队，武警黄金部队等一批大院大所、大单位，吸引聚集了一大批高级人才。但随着城市化进程的加快，人口大量涌入，茶店子片区岛形地带修建了约173亩的砖瓦、砖混结构房屋，该地带在城市高楼的新建大潮中，逐渐成为一处老旧的"城市"洼地，并带来城市治理的系列难题。时代的浪潮催促着茶店子片区转型，2016年前后，金牛区按照市委战略部署，秉承"筑园强心、产业聚能、配套提质"发展理念，对金牛大道沿线进行提质改造，片区转型升级被正式纳入议事日程。2017年，茶店子片区"岛形"棚户区逾2000户20万平方米建筑面积拆迁任务完成，释放出大量的优质土地资源。怎么样利用才最优？按照惯例，该片区地处成都中心城区2.5环核心位置，如果在此布局住宅、办公写字楼，可以快速收获较高的价值回报，但这样城市发展是否又会陷入新一轮发展、拆迁的老路?

金牛区委区政府深入分析、全盘考量,以绿色发展理念为抓手,找到了破题的钥匙——坚持绿色发展的营城创新之举,将整个"岛形"地带全部变身为城市公园。同时依托片区优越的地理位置、浓厚的文化内涵、丰富的人才资源,打造践行新发展理念的公园城市示范片区。2019年2月,新金牛公园在茶店子棚户区原址"破茧"而出,总建设面积约11.2万平方米,1.84公里的城市中心公园成为亚洲最长的街心公园,被金牛人亲切地称为"最美小蛮腰"。

二 主要做法

(一) 坚持生态优先,以绿色发展"破题",实现片区联动发展

塑造功能布局均衡、产业特色鲜明、空间尺度宜人、人城境业和谐的公园城市形态,以生态品质提升片区品质,走出一条独特的中心城区有机更新道路。

2019年底,金牛区委区政府在呈现的173亩新金牛公园基础上,坚持公园城市建设带动城市片区有机更新,拓展建设公园前区广场、连通天府艺术公园与新金牛公园的丝路云锦高线公园,构建1172亩城市公园簇群,并辐射带动周边项目开发、老旧小区改造、特色街区建设、建筑立面整治,实现金牛坝—茶花片区加速蝶变。丝路云锦高线公园以"竹叶轻"为设计理念,抽象提取竹叶元素,创意轻盈飘逸的多样桥梁造型,通过立体交叉+地面连接结合的方式,设计通行空间宽度3.5~6米、总长1620米的空中廊道(空中为1200米,地面段420米),串联起天府艺术公园、熊猫绿道、金牛公园、新金牛公园、金牛体育公园等约7.8万平方米的五大城市公共空间,缝合熊猫绿道、新金牛公园绿道2条骨干绿道,实现了生态空间融合。运用金牛大道下穿隧道上盖区域,整合周边龙湖西宸天街、时代天境等商业

载体，共同打造总面积约5.4万平方米，突出天府竹韵主题，植入地域特色产业业态，融合公园绿地、商业街区、轨道站点的互动式公园城市场景，弱化金牛大道阻隔，缝合茶店、花照两大组团，实现片区联动发展。

(二) 坚持人本逻辑，以场景营造"解题"，营造高质生态空间

以园布景、以园聚人、以园筑业，新金牛公园坚持人本逻辑，营建幸福美好的未来生活，为老百姓营造了身边的高品质生态空间。

全新开放的新金牛公园，生态环境优美，布局了精致的艺术雕塑、多样的消费场景，每一个细节都精打细磨。通过系统集成生态公园、轨道站点、地下泊车等六大功能，打通片区全域引流渠道，龙湖西宸天街、居然之家等5个商业项目链接，营造集书籍、生活美学、亲子互动、咖啡品鉴于一体的轻松休闲购物的TOD场景。从3D维度创新建设"丝路云锦"，完成对城市空间的重塑，实现天府艺术公园与新金牛公园两大城市级公园互联互通，使金牛坝片区和茶店子片区连成整体，营造起全区域的生态融合新场景。利用茶店子小学原教学楼打造成了6层集展览陈列、文创中心、文创生活馆于一体的金牛区展览馆，丰富居民群众文化生活新场景。贯通茶店子下穿隧道，改善区域交通状况，更在原173亩公园基础上，释放出隧道上盖区域65亩空间，形成238亩的超大城市慢行街心公园，让场景功能更加高效、全面。按照川西林盘风格整体布局，修筑"悠竹山谷"慢行街区，充满"竹"与"木"的中国风视觉元素和新潮的设计感，彰显了天府文化的时代魅力，景观建筑的丰富让场景质感进一步提升。

(三) 坚持蓄能增效，以产业聚集"答题"，提升区位势能跃升

一系列新文旅、新场景、新体验业态的植入按下了探索科创文创产业聚集的"加速键"，以新金牛公园为"磁极"，全面提升茶店子片区的位势和能级，更加凸显区位竞争优势。

金牛区在新金牛公园两侧呈现高品质的"一体两翼"规划布局，

南侧保留大院大所和老街老巷风貌,打造"寻味天府"美食街区,让传统文化焕发新的活力,北侧规划打造"茶花U秀·未来视界"体验街区,U谷、U街、U巷3条沉浸互动街区利用现代智慧技术,营造城市灯光秀、胶囊剧场、数字云幕等人城产融合互动新场景,"公园中的百老汇、无边界的沉浸街"创意经济全面发力。引入科技与产业融合创新及企业赋能"双中心",依托"蝌蚪服务体系",全力推动一亿中流上市加速器等企业服务平台建立,链接大院大所大学资源,为企业提供政策解读、工商财税、知识产权等全方位、全生命周期服务,实现企业服务的创新升级。根据市民对高品质消费的需求,引入了独具特色的天府文化胶囊博物馆,植入川点熊猫金丝猴双宝、三星堆、川酒、川茶、蜀绣、竹艺六大天府文化IP,形成"一馆一主题,一馆一特色"的布局,并用产品展示、文创出售、交流沙龙、研学体验等形式,焕活沉寂已久的巴蜀文化精粹。如今的新金牛公园,"川西林盘"里坐落着城市商业中心,高品质居民楼旁耸立着玻璃幕墙写字楼,白领在此出入,龙头企业——时代中国、竞技世界、龙湖、苏宁、德商等迅速扎堆,茶店子片区蜕变为总部企业聚集、科研力量前沿、城市风貌新潮的"城市窗口",新金牛公园实现了片区100余万平方米商圈的人气聚集,一座"最美公园"正带活一片"最美商圈"。

三 建设成效

(一)生态优势塑造片区极核

金牛区坚持"片区谋划、整体成势"的发展思路,接续实施片区城市有机更新,从占地面积1124亩的茶花棚户区改造项目,再到占地面积173亩的茶店子岛形棚户区改造项目,推动茶花板块城市空间由"功能分割、粗放发展"向"系统综合、精明增长"转变。摒弃短期土地收益对整体开发效益的影响,将原本用作商业开发的土地调整为公服用地,按照"一园一区一带"的空间布局,打造国内最大的城市街心公园——新金牛公园,贯通"丝路云锦",串联天府艺术公园,形成金牛大道天府文化景观轴834亩公园景观簇群,带动整个片区土地增值,实现了"从800万元/亩3次土地流拍,到3400万元/亩企业竞相购买"的重大转变。通过城市更新和公园城市建设理念的交流碰撞,实现了生态空间的生长汇集,并引领茶花板块拉开能级跃升骨架。

(二)完善配套夯实民生基底

强化"回归人本需求"的社区生活圈理念,让有机更新助力城市形态、公服水平多维提升。通过有机更新释放约1000亩土地资源,让西宸天街等12个综合项目、花照云庭等3个高端住宅项目陆续投建,逐步打破了茶花老旧生活印记。通过成片实施老旧小区改造、建筑外立面美化、特色街区打造,谋划人文化成、茶花U秀等多个更新片区,不断做强功能场景。通过提升五彩照壁园等8个小游园微绿地,延展社区绿道,新建省医院金牛医院、新改扩建二十中等6所学校、新建交子菜肆等4个社区综合体、提档升级奥林社区等6个党群服务中心,助力公共服务成功升级到2.0版本,努力营造幸福家门口、构建生活共同体,全面夯实民生之基,打通服务群众的"最后一公里"。

(三)筑巢引凤积蓄战略动能

坚持宜业的生产空间、宜居的生活空间、宜人的生态空间是引凤来栖的重要元素,"公园城市"吸引的不仅是高层次的人群,更是高能级的产业。我们以科研资源为切入点,在竞技世界游戏产业研究院、中国教育创新校企联盟西南双创孵化基地等项目入驻的基础上,发挥片区周边西南交大、电子科大、中电科10所和29所等院所优势,构建知识经济主导、双创活力迸发的茶花智慧科技商务中心,形成具有领先性和不可替代性的产业优势；以"EOD＋TOD"双赋能下的新金牛公园为引爆点，依托周边金牛大道等多条城市主干道及多条轨交资源，汇集客流人流，培育"公园＋"消费模式，在开敞空间植入新经济消费和科技应用示范场景，大力发展"文博、文商、文旅、文创"等新兴产业，用"沉浸式体验＋全时段消费"推进生态价值转化，打造生产生活生态"三位一体"的融合型高能级商圈。

四　经验总结

（一）片区综合开发是破解城市治理难题的实效所在

城市的单中心集聚规模超载，导致空间效能边际递减、结构性矛盾凸显。片区综合开发以功能的协同性为主导、以要素的集聚性为核心、以空间的延续性为特征，构建底线约束、弹性适应的内部结构和板块协同、多样共生的外部格局，为破解大城市病提供了科学指引和有益借鉴。

金牛区秉承"片区谋划、成片开发、分块实施"思路，以"创、改、联、调"为抓手，推进茶花新界片区四大板块的有序实施（创：以公园为核心，唤醒区域交流创新活力，引进高能级企业14家，创建茶花新界高品质科创空间。改：传承历史文化记忆，改造周边老旧小区，谋划打造茶花U秀等特色街区，重现市井生活烟火气息。联：联动中电科10所、29所等科研院所，搭建知识成果转化平台，释放大院大所集聚效应。调：调迁升级周边传统市场，疏解城市非核心功能）。以生态价值转化提升片区整体效益，运用三个理念统筹推动茶花新界片区综合开发，打造创享高地。按照"快城慢活"理念，完善交通体系，营造公园体系，重构城市空间；按照"新朋旧友"理念，新建产业载体，调迁传统市场，重组城市功能；按照"内植外联"理念，植入高能企业，联动大院大所，重置产业业态。

（二）生态环境整体提升是厚植发展优势的长远之策

将塑造城园相融的大地景观作为发展的基础条件，通过"绿道＋场景营造"引流入渠，促进和带动人流、商流、资金流、数据流在片区间的有效聚集和辐射，厚植宜居宜业优势，打造彰显蜀风雅韵魅力的向美而生公园城区示范样板。

金牛区秉承"筑景聚人、筑景营城、筑景兴业"思路，通过城市有机更新腾挪173亩棚户区打造新金牛公园，通过丝路云锦和城市慢行系统，串联天府艺术公园、熊猫绿道、金牛公园、新金牛公园、金牛体育公园五大公共空间，构建1172亩城市公园簇群。按照TOD建设、街道一体化实施理念，打破空间界限，实现生态空间与周边15个项目104万平方米产业载体的联动发展。打造六大胶囊博物馆，融入代表川西特色的竹文化元素，植入熊猫、金丝猴、三星堆、蜀绣、竹艺、川茶川酒等知名天府文化IP，彰显巴蜀特色。完善周边15分钟公服圈，构建多层级教育和医疗体系，建设展览馆、剧院等配套设施，引入上市加速器等10个产业配套项目。

全新开放的新金牛公园是"文化珠链、公园簇群"理念的生动表达，一幅新的蜀风揽胜画卷在金牛正徐徐展开！

（供稿单位：成都市金牛区社科联）

案例三 幸福乡村样板

——彭州市龙门山镇的探索实践

一 案例背景

彭州市龙门山镇地处湔江河谷生态旅游区核心地带，土地面积465.6平方公里，是大熊猫国家公园入口社区重要承载地。这里"绿色家底"厚实，植被覆盖率86.7%，被称为"天然大空调""生态大氧吧"；这里发展势头强劲，乡村旅游、冷水鱼养殖、特色餐饮、中药材种植等主导产业让青山绿水有"颜值"，更有价值；这里区位优势显著，拥有龙门山国家级重点风景名胜区、龙门山国家级地质公园、白水河国家级森林公园、大熊猫国家公园四大国家级品牌。

近年来，龙门山镇紧紧围绕成都市委市政府"全面建设践行新发展理念的公园城市示范区"、彭州市"建设公园城市示范区立体山水篇章"的目标，奋力推进"践行新发展理念的公园城市乡村表达样板"建设，一幅大美山水公园画卷徐徐铺开。

深入来看，龙门山镇多措并举，"一廊两心三区四创"的发展战略构筑龙门山镇文旅发展骨架。看"一廊"，湔江河谷旅游高品质示范廊道雏形初现，依托旅游轨道、成汶高速等重要交通干线，沿湔江流域两岸，龙之梦、熊猫谷等重大项目串珠成链。看"两心"，宝山村和白水河镇为组团辐射周边的高山旅游游客集散中心；龙之梦项目为依托打造河谷旅游集散中心及会议、会展中心。看"三区"，山地运动康养区、河谷旅游度假区、特色农产品种养区齐头并进。蓝图绘就、底气十足，"十四五"时期，龙门山镇将力争实现国家生态保护及价值转化示范镇、省级乡村振兴示范镇、国家西部山区集体经济发展先进典型镇、全省社区治理镇级先进典范"四创"。

在具体的发展路径上，龙门山镇坚持群众、生态、效益三大优先，营建消费、生态、生活、治理四大场景，"大熊猫国家公园品牌、古蜀探源、绿水青山雪山"三大文化价值转化，绘就"山水相融·幸福相依"的大美龙门山画卷。

二　主要做法

（一）"五大规划"引领，高标准布局生态场景

良好的生态环境既是龙门山镇的先天优势，更是最普惠的民生福祉。为持续巩固这一优势，龙门山镇坚持谋篇布局规划先行，厚植绿色生态本底。五大规划做强引领：一是加快大熊猫国家公园入口社区规划编制，积极争取大熊猫国家公园一般控制区特许经营权试点，推进大熊猫国家公园入口社区建设；二是加快推进龙门山国家级风景名胜区总体规划修编，坚持"产业"和"安置"分离原则，形成节约资源和保护环境并重的空间格局、产业结构、生产方式、生活方式；三是加快白水河国家级森林公园规划修编，打造新时代农业农村现代化示范宝山样板；四是用活用够森林防火通道规划，加快森林步道建设，彰显从河谷到高山绿道成网、康养成品、公园成画的立体山水画卷；五是科学编制宝山村级片区空间规划、通济文旅片区空间规划，扎实构建"一廊""两心""三区"的城镇空间布局和产业发展格局。

（二）"六项重点"推进，高质量发展消费场景

盘活绿色生态资源，营造消费新场景，激发公园城市经济活力。

一是强化重大项目要素保障,加快龙之梦、熊猫生态谷项目建设,打造"三九大"旅游集散中心和中国西部会议会展中心,全面提升城镇综合承载力。二是以创建天府旅游名镇为抓手,开展"最美"系列评选,引导在地农家乐进行改造升级,全面提升龙门山美誉度。三是做好中坝森林的保护性开发,打造森林博物馆,诠释生态有价、环境有价、资源有价的公园城市乡村表达。四是加快包装策划新型露营地,推进太子里、湔江源、熊猫运动公园、大地情书等野奢营地建设,引领发展夜间经济新业态。五是推动山地运动建成投运,策划龙门山镇首届山地运动文化节,抢占山地运动新高地。六是"三大游线"串联幸福场景,做强文旅支撑,依托大熊猫国家公园,开发"萌宝探险"游线,将大熊猫国家公园展示中心、熊猫香山、熊猫森林、中坝秘境等场景融合,聚力打造亲子研学品牌;依托"古蜀文化",开发"古蜀寻踪"游线,从鱼凫湿地、太子村到太阳湾、回龙沟景区,沿着古人迁徙线路,探索古蜀文化源头;聚焦绿水青山雪山,开发"寻真之旅"游线。从湔江河谷到龙门山脉,让人在大自然寻找自我、拥抱自我。

(三)"三大行动"支撑,高品质营造生活场景

把好山好水好风光融入城市,让优良生态环境转化为最普惠的民生福祉,是打造公园城市幸福乡村的应有之义。一是开展乱象清零行动。开展道路零破损、污水零直排、绿化零杂乱等十大重点"清零",全面提升城乡环境品质。二是开展配套提升行动。加快国坪路、小虹路、白水河场镇路等道路建设,加快熊猫运动公园、生态旅游公厕、停车场等旅游设施建设,统筹整合学校、幼儿园、卫生院等教育医疗资源,打造有质感、有温度的公共场所。三是开展示范创建行动。以"一村一品·一步一景"为主题,通过局部更新、生态植入、老旧翻新等方式重构群众生产、生活、生态空间,打造湔江画廊、九峰花景等"可参与、可感知、可互动"大美乡村景观。

(四)"三大机制"保障,高水准谋划治理场景

健全现代治理体系,增强治理效能,为群众更健康、更安全、更宜居提供保障,为打造公园城市幸福乡村夯实基底。一是优化共建共治机制。推行党建引领"五长共治·邻里共富"模式,围绕"定格、定人、定责"要求,全域构建"家长－邻长－里长－理事长－监事长"五级社区议事网络,使基层治理的触角纵向加长、横向加密、直达家户,提升群众在城乡社区发展治理中的"融入度"和"活跃性",引入多元社会主体参与,形成共建共治共享的良好格局。二是优化服务供给机制。为满足村民对美好生活需求,推行"1+X"代办服务机制,形成"一村一队"代办模式,探索"村干部轮流坐班+集中办公日"代办制度,以集体经济收益为保障,成立"社区微基金",组建信任互助队伍,创新社区公共空间运营模式,构建社区优质生活服务圈。三是优化发展反哺机制。构建"1+C+N"的集体经济发展模式,完善集体经济运营管理办法,推行"532"利益分配机制(50%用于扩大再生产,30%用于集体分红,20%用于村社会保障),形成镇企共建、村企共营、跨村联营的集体经济发展新格局,实现共同富裕。

三 建设成效

(一)旅游业态更丰富

拳头项目强力推进,紧抓创建国家级全域森林康养试点建设镇的政策机遇,借助良好气候资源,打造以宝山旅游度假区及其周边区域为核心的生态康养功能区。精品民宿相继落成,以绿水青山为本底,高标准打造半盏山房、自在山居等,推进龙门听风、龙门望雪、龙门摘星三大民宿聚落建设。一系列新消费场景呼之欲出,打造龙门山国家地质公园、鱼凫湿地、宝山梯田等特色公园,新增云上餐厅、云上咖啡等新消费场景12处。

（二）价值转换更高效

一是生态资源有效开发。坚持生态保护与有序开发相结合，实现小鱼洞社区的"荒山变花山"，渔江楠村的"竹林变酒店""荒滩变湿地"，镇集体经济组织的"村民变股民"。二是特色产品持续发力。将优质生态资源作为稀缺生产要素，打造"鱼凫龙门""龙门云"等农产品区域公用品牌，建成"玩转鱼凫龙门"电商平台，开发高山野菜、老腊肉、宝山红茶等系列农创产品，推出鱼跃龙门等十余款精品伴手礼。三是生态红利逐步显现。2021年龙门山游客接待量约425万人次，年旅游产值12亿元，先后获评全国首批乡村旅游重点镇、国家级生态乡镇、国家级全域森林康养试点建设镇等荣誉称号，培育全国乡村旅游重点村1个，四川省乡村旅游重点村2个，四川省乡村旅游示范村3个。

（三）群众生活更幸福

鼓起群众"钱袋子"。因地制宜打造文化景观、游憩步道和休闲运动场等设施，培育文创、民宿、运动体验等一批生活场景，促进农商文旅体深度融合，切实将治理成效转化为村民增收实效，2021年地区城镇居民人均可支配收入达到3.6万元，农村居民人均可支配收入达到2.4万元。畅通群众"车轮子"。2022年5月底龙门山镇开通最后一个村——湔江源村公交线路后，做到了11个村（社区）公交的全覆盖。宜居宜业"有品质"。以"三大"绿道为骨架，完善集中居住区周边、市场商超、学校医院等生活消费场景，搭建"O2O社区"生活服务平台，构建社区15分钟生活圈，切实满足群众便利和需求。目前，吸引36名新村民创新创业，67名青年返乡创业。

四 经验总结

（一）坚持群众优先

一是以群众需求为基础。广泛听取群众的意见建议，找准群众生活中最迫切需求、最急难问题、最高频事项，形成主攻方向和场景清单。二是以群众体验为导向。在场景发现、应用设计、具体实施过程中，要从群众方不方便、体验度好不好的角度来审视问题、重构流程，让广大市民可感、可知、可及，更好满足人民对美好生活的向往。三是以群众满意为标准。通过开展受众人群的满意度测评，吸引群众主动参与融入，为龙门山建设聚民情、集民智，让"小区院落"蝶变成为"幸福家园"。

（二）坚持生态优先

一是遵循生态要求。鼓励和引导采用绿色、低碳建筑材料，选择节能环保型家电等高科技节能产品营造场景，推行绿色交通、绿色能源、绿色建筑、绿色生产、绿色消费等低碳生活场景。二是凸显生态内涵。多形态、多维度、多途径、多方式展示生态内涵，既要有大规划、大景观，也需要小场景、微景观。三是根植共生理念。统筹"山水林田湖"等绿色资源，打造可阅读、可感知、可欣赏、可消费的多元场景，根植生态理念和环保意识，实现"山水人城"和谐共生的良好局面。

（三）坚持效益优先

一是主题突出。通过主题景观构筑物、主题景观小品、主题景观雕塑、主题景观绿化等设计包装，将文化进行"变形"，满足游客对美好旅游生活的期待和需要。二是多元共享。通过空间上互相契合，时间上形成交错，创造出更多的空间活力，达成多元空间共享。三是资源整合。消除行政区划的局限性，按照片区规划的方式，通过场景营造来补齐辖区内服务短板，实现动态联动。

（供稿单位：成都市彭州市社科联）

案例四 乡村集中居住区治理

——金堂县乡村治理的探索实践

为助力成都建设践行新发展理念的公园城市示范区,推动城市建设转型发展的实现,秉承"一流城市要有一流治理"的城市治理理念,金堂县以城市和谐共融的场景营造为主题,围绕城市生产、生活、生态和治理四个方面深入研究、审慎立题,以乡村集中居住区治理为切入点。系统分析乡村集中居住区治理存在的问题,实地调研镇(街道)、村(社区)在深化乡村集中居住区治理方面的探索实践,以居民组织化激活集中居住区发展动力、环境景观化提升集中居住区居住体验、活动常态化助力集中居住区邻里和谐,推动金堂县乡村集中居住区治理不断深化完善。

一 案例背景

金堂县位于成渝经济圈和成德绵乐经济带主轴线上、"一带一路"的交汇点和支撑点上、成都半小时经济圈内,是成渝城市群发展的重要节点。伴随前期统筹城乡的深入发展,"三个集中"的快速实施,金堂县在不断实现工业集中化、土地规模化、农民城镇化的同时,相继建设了大量土地综合整治、征地拆迁、林盘整治、新村扶贫等乡村居民集中安置区。

目前金堂县共有206个集中居住区，从地域空间、组织体系及社会结构维度调研考察金堂县乡村集中居住区社区生态建立的过程可以发现，集中居住区建设对于保护耕地、提升建设用地利用效率、缓解城市建设用地不足以及改善农村居住环境等方面带来了良好的成效，然而"自上而下"的农民集中居住推进，使集中居住区建设与已搬迁农民的实际需求产生一定的偏差。调研发现，金堂县集中居住区不同程度存在以下薄弱环节。一是居民组织化程度低。集中居住区的建立，使散居农民实现了物理上的聚集，但原有生产生活方式依然存在，"日出而作日落而息"的生活节奏，使大部分居民活动空间仍被限制在原有的模式之中，居民组织化程度低。二是集中居住区居住舒适度低。相较于城镇商住小区而言，集中居住区在周边环境配套、社区公共服务供给等方面存在短板弱项；小区内部公共服务设施配给不健全，在物业维护的效度、物业服务的精细程度上相去甚远，小区居住品质亟待提升。三是精神文化生活选择少。由于集中居住区多是跨越了原有村民小组、村（社区）的界限，集中安置下产生的熟悉感和陌生感交织，集中居住区存在"形"聚"神"散的格局。

二 主要做法

（一）居民组织化激活集中居住区发展动力

按照组织领、党员引、骨干行、居民跟的思路，鼓励小区党员亮身份，具备人员条件的成立小区党支部或党小组，并组织居民成立院委会或小区自治组织，通过志愿者队伍实现居民需求的有序表达和有效参与，不断提升居民的组织化程度，充分发挥居民在小区公共事务中的主体作用。一是借力党组织资源优势。建立社区党委＋小区党支部＋楼栋长党小组三级组织体系，鼓励业委会、环境与物业管理委员会、物业公司、社会组织、自组织、居民等多元主体投入小区治理。

规范居民委员会、议事会、监事会等居民自治组织建设,完善"四议两公开一监督"民主决策机制。定期组织小区居民围绕"小区公共空间治理怎么干""美好社区怎么建设"等公共议题推送征求意见,发动群众广泛参与、讨论议定小区改造项目序列。二是精心培育社区社会组织。按照市委乡村社区每年增加社区社会组织不少于1个的目标要求,鼓励镇(街道)、村(社区)、小区(院落)挖掘辖区内能人骨干,根据其自身特长和参与意向,组建美食分享队、田间舞蹈队、棋艺切磋队等社区自组织,定期邀请辖区内外优秀社会组织作专题业务培训,不断提升集中居住区居民组织化程度。三是大力培育志愿服务组织。通过开展"一月一主题,周周有活动"志愿服务活动,打造"石邻家话、常乐夜话、金峰夜话"等集中居住区志愿服务品牌,征求小区居民社区发展治理需求,挖掘共同兴趣爱好、拉近邻里距离,并对小区内双特老人、空巢老人、留守儿童等开展家政、陪护和心理慰藉等志愿服务,营造和谐温馨的邻里氛围。

(二)环境景观化提升集中居住区居住体验

集中居住区内外空间品质的整体跃升对优化集中居住区服务品质、提升居民居住生活体验具有重要意义。一是完善周边配套,实施村(社区)党群服务中心亲民化改造。近3年来,遵循"标准化、亲民化、可进入、可参与"理念,以功能优先和市民感受为导向,在征求群众意见基础上,由镇村干部、社区规划师、群众等主体共同议定实施方案,对全县200个村(社区)党群服务中心全面实行亲民化改造,村(社区)服务阵地在空间布局、服务设置、氛围营造等方面达到整体提升,逐步实现"社区和美有变化、居民亲近有感受"新格局。二是强化内部提升,实施小区公共空间美化改造。针对大多集中居住区居民社区价值理念、生活方式未完全转变等现实,通过采取社区营造方式,围绕小区公共服务提升、活动阵地亲民建设、违章搭建拆除、环境美化等,由业委会牵头,群众自主议定小区公共空间改造项目、设计改造方案、确定改造方式、明确改造时限、筹措改造资金,并对改造过程和结果进行监督和评价,不断创建集中居住区公共空间优美形态。同时,打造"美美的金堂"社区发展治理品牌,围绕选树、宣传最美阳台、最美小区、最美聚落、最美记忆等示范评选活动,引导更多居民参与社区共建。与传统乡村聚落相比,集中居住区的居住条件、基础设施、景观环境等物质基础得到极大改善。

(三)活动常态化助力集中居住区邻里和谐

把居民组织起来需要通过特定的活动载体予以呈现,小区公共空间改造依赖于社区营造等活动,小区活动的常态化在帮助居民实现情感沟通交流的同时,悄然推动着营造小区内部邻里氛围的转变。一是实施居民精神风貌改造。以金堂"孝善文化"品牌和社区发展治理工作为抓手,举办孝善文化节、非遗"种酒节"和"乡村油画展"、文创基地研讨会、社区治理坝坝论坛、社区旗袍秀、欢乐社区行等活动,进一步丰富居民休闲娱乐方式,提升居民生活欣赏品味,真正转变传统生产生活方式和理念,实现农民变市民。通过开展"一月一主题,周周有活动"志愿服务活动,打造"大学城志愿服务联盟、三江姐妹、水滴志愿者、党员先锋"等志愿品牌,引导集中居住区居民参与志愿服务组织,为双特老人、空巢老人、留守儿童等开展家政、陪护和心理慰藉等志愿服务,培育"小老助大老""老友生日会""左邻右舍"等品牌服务项目。二是组织多彩文娱活动。由小区党支部或党小组引领,各自组织实施,组织开展各类邻里活动,如插花、手工、制作节日美食等活动,促进居民交流和邻里和谐。居民间也会联动,"房前屋后转一转,各家各户串一串",及时化解邻里纠纷,排除安全隐患,帮助小区形成"你有事我来帮,我有需你来助"的邻里和谐"共同体";并通过共同使用健身器材、邻里空间、微绿地等公共空间,参与小区广场舞、歌唱比赛等文体活动,实现更多的交流互动,增强居民间的感情和信任，在集中居住区重构起健康和谐的社会网络和人际关系。

三 建设成效

深化集中居住区治理，通过充分发挥群众主体作用，以居民组织化、环境景观化、活动常态化为手段，推动居民自我管理、自我教育、自我服务，极大地改善了集中居住区布局散乱无序、宅基地闲置荒废、基础设施匮乏、社会服务滞后等问题，构建起以人为核心、统筹协同、集约高效、特色鲜明、管理有序的集中居住区发展治理体系。

（一）强化居民组织化，共治和谐小区

伴随居民集中安置衍生出的新问题，居民的活动空间、心理需求、社会交往等诉求被忽略，在由农民向新市民身份转变的过程中，居民出现了诸多不适应的情况。这就需要尊重居民意愿，让居民主动参与小区环境改造，组织化的构建为居民提供了意见表达、情感宣泄的窗口，通过居民一起讨论，发挥小区居民的主观能动性，激发和凝聚广大居民的力量，激活集中居住区发展活力。

（二）强化环境景观化，共建美丽家园

"居住在哪里，家就在哪里"，这是中国人骨子里对家园的天然情愫，"家"文化的传承使中国人对居住有更为深刻的要求。基于集中居住区建立的特殊历史原因和物业管理及周边配套的薄弱，且集中居住区居民面对新的居住环境不免有陌生感，对此，提升集中居住区居民体验最为直接的途径就是改善居住条件、完善周边配套，通过实施小区微更新、小区公共空间营造等项目，不断优化小区环境，共建美丽家园。

（三）强化活动常态化，共享治理成果

习近平总书记在庆祝中国共产党成立100周年大会上的重要讲话

中指出:"江山就是人民、人民就是江山,打江山、守江山,守的是人民的心。"集中居住区的治理落脚点也是守民心,通过广泛了解群众需求、提升小区服务,把治理好小区当作最大的"民生"来抓,通过丰富多样的活动形式,让居民积极主动参与到小区治理事务当中,不断提升居民"家园意识",寻求利益平衡最大公约数。

四 经验总结

基于新型城镇化和乡村振兴双重影响的叠加,我们亟须转变对集中居住区建设治理的固有认知。传统城镇化背景下,集中居住区建设往往被视作土地转化的工具,压缩农村建设用地指标,满足城镇建设用地需求的方式,进一步加剧了城乡空间资源分配的不均和不公平性。新背景下,集中居住区应被视为农民安居乐业的幸福家园,是实现城乡融合发展的重要载体。传统城镇化过程中以推动城镇发展为主的导向应该也必须转变为以城乡统筹发展为导向。

通过在集中居住区建强组织、改善环境、丰富活动,从人、房、关系三大关键点集中突破集中居住区居民"形"聚"神"散问题,坚持组织带动居民融合,依托社区文化活动阵地培育文明新风,鼓励居民自主自我管理等,不断强化居民"主人翁"意识,推动集中居住区居民价值理念、集体身份认同转变,从"来客"变为"主人",从客观接受变为主动经营,自觉融入社区发展治理,构建起"自我管理、自我调节、自我服务"的居民融合格局。

(供稿单位:成都市金堂县社科联)

案例五 "两河一心" 城市场景

——温江区场景营城的探索实践

一 案例背景

蚕丛及鱼凫,开国何茫然。4000年沧海桑田,金马河、江安河奔流不息,穿境而过的温润雪水,孕育了富庶美丽的金温江,文庙片区在温江人心目中记忆悠远。温江迈入新时代,却面临资源和空间趋紧、产业遇上瓶颈等新挑战。在创新、协调、绿色、开放、共享的新发展理念指引下,温江深刻把握历史现实,探寻发展从增量模式向存量模式转变,发展动能从投资向创新转变之路,提出"两河一心"营城理念:以穿流全境的"两河"连接南北,融合全域;让流淌着鲜活历史文脉的文庙街区,成为温江城市之心。拥河发展,以心连接,让天府内涵的深层表达、温江韵味的独特价值,通过"两河一心"呈现,为建设践行新发展理念的公园城市示范区做出温江贡献。

二 主要做法

(一)空间上深耕:两河一心,营造天府样温江味独特场景

厚植绿色生态本底,塑造公园城市优美形态。"两河一心"让温

江更有连接感、融合度、传承度、发展力,更具天府样、温江味。以"两河一心"为战略抓手推进生态价值转化,在生态本底优越的江安河、金马河沿线,运用亲水近水的特质,营建最具生态性的消费场景。以场景营建推进纵向筑势。立足两河沿岸、文庙周边空间可开发强度和生态可利用尺度,依托得天独厚的生态人文资源禀赋,按照亲水、近水的特质和近地、开敞的范式,营建最具生态性的消费空间和最具消费性的生态空间,培育适应疫情常态化时期消费特征的新场景新业态。以价值互联实现横向赋能。以城市道路和绿道体系串联城市街区、工业园区、北林片区,带来人流导入和业态更新,带动周边物业、土地升值,形成优势互补、彼此赋能、相互成就的联动发展格局,为温江转型发展、高质量发展、可持续发展创造更多可能。

(二)产业上精进:三产共兴,以创新开放激发城市经济活力

温江牢牢抓住项目建设这块稳增长的"压舱石",全面打响招商引智和重大项目攻坚大会战,着力构建以都市农业为特色、医药健康产业为主导、现代服务业为支撑的现代产业体系。制定《实施产业建圈强链行动推进产业高质量发展工作方案》,明确将主动融入医药健康、人工智能、都市农业和食品、新消费产业四大产业生态圈,"打造一批产业规模大、创新能力强、主体活力强、协调效应强、产业特色鲜明的重点产业集群"。一方面围绕创新药、高端医疗器械和现代种业等重点产业链关键环节、关键技术发力攻关,另一方面则加快完善链主企业、公共平台、中介机构、产业基金、领军人才集聚共生的产业生态体系。

(三)民生福祉上提升:留灯书屋,把高品质文化供给作为基本民生保障

温江加快建设富裕富足、和谐和睦、不断美好的温江,让人人有可创的稳定收入、有可靠的社会保障、有可获的优质教育、有可及的健康服务,让这座城市成为生活在这里的人们心安的故土。将高品质

的文化供给作为基本的民生予以保障，推动传统文化与时代精神交相辉映，让高质量的文化消费成为市民美好生活的日常选择。而阅读就属于高品质的文化范畴，政府要解决的是城市阅读的可及性，随处可读、随时能读。

（四）城市发展张力增强：共担共享，让责任与分享成为广泛价值认同

温江坚持以共担为要责，以有感为标尺，加快形成多元主体各履其责、尽显其能、共享其果的局面，让责任与分享成为市民最广泛的价值认同。现代城市治理体系是多元参与、协同共治的互动系统，现代社会的每一个人都是权责的综合体，要树立"只有责任共担，方能成果共享"的意识，凸显市民主体地位。引导社会和市民回归理性，增强责任意识，让生活在这里的人与这座城市一起成长。

三　建设成效

（一）经济实力持续攀升

在医药健康产业方面，温江形成了从药物发现、临床前研究、临床试验到产业化的全链条覆盖、一站式服务平台体系。聚集三医行业企业和上下游协作企业510余家，在研药械品种1136个、在产药械品种397个，产业生态与创新生态之间形成一种良性互动的关系。在都市农业上，温江将以西南作物基因、西南特色中药资源两个国家重点实验室为牵引，共建种业研发和种质资源保护利用的高能级平台。以国家农高区创建为引领提升农业科技创新水平，以城乡融合发展试验区建设为重点深化农业农村改革，促进城乡互融共兴、农业高质高效、乡村宜居宜业、农民富裕富足。高校院所资源丰厚的温江正深化校地企合作，加速变现高校智力资源，催生有根经济。以"政府给场地、高校出项目、企业来运营"模式，温江已与电子科技大学、四川

农业大学、成都中医药大学等高校共建3个大学科技园、1个创新创业园。

同时，温江以稳定公平可及的营商环境作为区域的第一竞争力，聚焦主动服务、减化服务、增值服务，创塑"提醒服务"全国知名营商品牌，以营商环境和政务服务的持续优化，彰显城市与企业共生共荣的至诚态度。通过政务服务的持续优化带来企业、市民体验的不断提升，激发各类市场主体的活力，进而撬动新一轮发展、推动可持续发展、实现有竞争力发展。2021年11月的进博会上，世界500强、全球领先的生物制药企业勃林格殷格翰与温江区签订投资协议，在温江区建设德国金标准卒中康复中心，助力提升四川乃至整个西部地区的卒中康复水平。2022年第1季度，温江区GDP同比增长6.3%，增速位居新中心城区第三，高于全国、全省、全市水平，实现"开门红"。

（二）发展动能加速转换

自温江区第十五次党代会提出"两河一心"营城理念以来，围绕"两河一心"实施的重点工作列出清单，倒排时限，梳理河岸沿线空间、土地及建设资源，开展总体规划及重要节点设计，制定具有吸引力和撬动效应的产业引育政策，发布13个投资机会，吸引了如高端度假酒店领域头部企业裸心集团进驻温江，在风景优美的江安河畔建设度假村项目。当前，江安河活力新潮消费带、金马河运动休闲消费带和文庙国潮文化街区已被纳入成都"十四五"服务业发展规划。相关部门正系统策划，推动更多规划项目落地。围绕"两河一心"，温江的现代服务业将催生出许多富有科技含量的新业态、新消费和新场景，推动业态更新、释放消费活力。在鲁家滩湿地公园，游客惊喜地发现，原本草木杂乱的河坡被色彩斑斓的鲜花景观代替，宛如一幅多彩画卷。在江安河沿岸，随着"荧光夜跑迎大运"活动的氛围营造，河岸灯光夜景日渐焕新，江安河夜跑已成为一种潮流。在文庙周边，光祈读书处文物改扩建和保护利用方案已经制定，社学巷、北巷子贯通及风貌提升改造等城市更新项目正在进行。

(三) 民生福祉明显改善

在温江城区,有以"异己""视阈"为主题的2个留灯书屋;在乡村,建成岷江·留灯书舍、仙境花园·留灯书屋。目前,全域布局工作已经启动。留灯书屋成为温江人的精神家园,24小时亮灯的阅读空间照亮着温江人的精神归途。强化"一老一小"服务保障,让老人和孩子得到更多保护和关爱,公平街道红桥养老服务中心配备各种智能化适老设施,老人在家门口就能得到高质量的全托照料和日间照料。针对失能失智老人群体开展国家老年人失能失智预防干预试点项目,从而阻断或延缓其失能失智进程。在永宁街道杏林社区,升级打造的"杏好有你·沉浸式家庭服务馆"以及儿童友好健康主题公园为社区儿童提供友好的室内外活动空间,在高质量服务儿童家庭的同时,全区的儿童之家也进行了提档升级,为儿童提供更多服务功能。对于3岁以下婴幼儿照护服务,温江把托育服务设施纳入全区公共服务设施三年攻坚行动,构建环境安全、设施齐全、服务专业的"15分钟托育服务圈"。过去5年新(改、扩)建中小学幼儿园56所,新增学位3.6万个,义务教育优质学校占比88%。义务教育阶段"学历案",获2021年全省教学成果奖基础教育类特等奖。着力改善群众居住条件,聚焦居民急难愁盼,着力房屋安全和功能保障,迄今累计改造完成老旧小区210个,投入资金1.54亿元。2022年又将改造15个老旧小区,其间注重挖掘城市文化特色,让居民留得住记忆、记得住乡愁。作为国家生态文明建设示范区,温江努力打造"10分钟体育健身圈",已建成360多公里田园绿道及城市慢行系统,新增绿地400多公顷,让居民在家门口就能享受美好健康生活。

(四) 共担共享氛围浓厚

温江提出"共担共享"的治理理念,让责任与分享成为市民最广泛的价值认同。"共担共享"的治理新念正在释放城市强大的韧性和生机。开展"感恩·温江"十大人物评选活动，在机关企事业单位创新开展公益慈善主题实践活动，让行善与感恩在这里碰撞。平凡人的义举温暖了一座城，而紧随其后弘扬"施恩者得敬重"的价值导向，让见义勇为者不再有后顾之忧。通过宣传和弘扬他们传递爱心、温暖他人的义举，为建设温暖如家共担共享的"心安之区"凝聚强大精神力量，城市也因这些点滴的人文之光、人性之善、人情之美在新时代熠熠生辉。举办"对话书记"活动，让在温江生活、工作的各界人士能以平等的身份表达最本真的诉求。这是温江社会治理方式的一种创新，也是温江营城理念变化的一个缩影。

四 经验总结

（一）坚持"产城人"共进

城市发展由产业、城市和人才 3 个基本元素构成，三者相互促进、互为条件。一是坚持"以产立城"。紧紧围绕建圈强链，以都市现代农业、先进制造业、现代服务业为主攻方向，以重点产业链提质增效为核心目标，加快推进产业基础高级化和产业链现代化，进一步增强产业生态集聚力、产业链建构力、高端要素运筹力。二是坚持"以城聚人"。以"两河一心"绘就大美画卷，以千年文脉彰显人文气韵，以稳定公平可及的营商环境厚植企业发展的沃土，大力提升城市功能品质，构筑特质与差异的比较优势和独特势能，彰显城市与企业、市民共生共荣的至诚态度。三是坚持"以人兴业"。以全方位的政策支持和服务保障，营造各类人才追逐梦想、实现价值的良好环境，通过质量型人才红利的聚集引用，推动知识外溢，形成以技术成果转化为主的经济发展新路径，从而裂变新业态、实现新发展。

（二）打造"两河一心"

城市的发展如同人的发展，就是将具有竞争力的价值不断挖掘、彰显和最大化。金马河、江安河是温江的"双亲河",文庙流淌着鲜活的历史文脉,"两河一心"是具有温江人精神依托的地理形态和人文归依的文化原点,是温江经营城市的重要抓手,既是空间认知上的传承,也是发展理念上的递进,将是城市未来发展的最终竞争力所在。一是以场景营建推进纵向筑势。立足两河沿岸、文庙周边空间可开发强度和生态可利用尺度,依托得天独厚的生态人文资源禀赋,按照亲水、近水的特质和近地、开敞的范式,营建最具生态性的消费空间和最具消费性的生态空间,培育适应疫情常态化时期消费特征的新场景新业态。二是以价值互联实现横向赋能。以城市道路和绿道体系串联城市街区、工业园区、北林片区,带来人流导入和业态更新,带动周边物业、土地升值,形成优势互补、彼此赋能、相互成就的联动发展格局,为温江转型发展、高质量发展、可持续发展创造更多可能。三是以文化浸润涵养城市人文气质。认真提炼塑造鱼凫、光祈、亲水、花木等文化核心价值品牌,活化开发陈家桅杆、鱼凫古迹、连二里市等历史遗珍,精心筛选、精心雕琢、精心安放历史人物故事雕塑,以留灯书屋、"感恩·温江"先进典型选树激发文化发祥,让源远的文化在传承创新中流长,让流长的文化滋养城市。

(三)坚持人民至上

城市的核心是人,城市发展的成效必须以人民获得作为评判标准。要坚定践行"人民城市人民建,人民城市为人民"的发展理念。一是让法治与公正成为市民最托底的依赖。法治是现代社会最核心的价值、最突出的标志,公平正义是人民的向往、幸福的尺度,建设人民城市必须坚持以法治建设为核心,以人民可感可触可见的方式保障权利公平、机会公平、规则公平,让公平正义的阳光照进人民心田。二是让呵护与安全成为对市民最真情的告白。呵护最温暖,安全最踏实,这两者是最如家的感觉,也是城市主政者最起码的责任。要努力让生活在这里的每一个人都幼有所育、学有所教、病有所医、老有所养、弱有所扶、居有所安。三是让责任与分享成为市民最广泛的价值认同。现代城市治理体系是多元参与、协同共治的互动系统，现代社会的每一个人都是权责的综合体，要树立"只有责任共担，方能成果共享"的意识，凸显市民主体地位。引导社会和市民回归理性，增强责任意识，让生活在这里的人与这座城市一起成长。

（供稿单位：成都市温江区社科联）

案例六 天府现代种业园

——邛崃市现代农业场景的探索实践

一 案例背景

天府现代种业园位于国家级杂交水稻种子生产基地重点区域——邛崃。近年来，种业园认真落实国家粮食安全战略，精心营造公园城市新场景，推动现代种业发展与公园城市建设"叠加耦合"，为建设公园城市、发展现代农业、助力乡村振兴发挥了积极作用。

为深入贯彻习近平总书记关于公园城市建设和粮食安全的重要指示批示精神，按照中央和四川省、成都市决策部署，邛崃市依托国家级杂交水稻制种基地和全国农业产业化示范基地的良好农业本底，突出"现代种业＋"赋能公园城市场景营造，推动公园城市建设与高质量现代产业体系有机融合，建成规划面积95平方公里的天府现代种业园，努力打造成公园城市建设发展"样板空间"。

天府现代种业园是国家首批布局西南的以现代种业为主导的产业园区，按照"一核两区多基地"产业布局和"一廊三镇多林盘"生活布局，以景观融合、业态融合与文化融合为导向，着力构建以杂交水稻、油菜种业为基础元素，畜禽、水产等种业为突破的"大种业"发展场景。目前，已成功创建国家现代农业产业园，列入四川省"1＋

1+N"现代种业发展的核心园区,获评成都市五星级现代农业园区,并成功举办首届"天府大地艺术季"。

二 主要做法

(一)聚焦种源自主可控,建立"保护—利用"高能级种源平台,营造公园城市种源保护利用新场景

针对国内种质资源保存方式散、小、弱等问题,率先在全国建立首个省级综合性种质资源中心库,抢救性收集国内外优质种质资源。构建"基因库+活化圃"集成保存模式场景,规划建设可容纳180万份种源的基因库和170亩特色种源圃,目前已收集16万份,涵盖成都麻羊、内江猪等18个地方特色畜禽种质资源,建成动植物资源圃(场)8个,其中梯田红米、带绿荔枝等4份作物列入国家十大特色种质资源。构建"鉴定评价+基因挖掘"检测利用体系场景,专业化引入集DUS测试、品种区试、抗性鉴定于一体的国家品种测试西南分中心,完成品种鉴定检测2400余份;市场化入驻西南首家第三方种子质量检测机构,完成种子样品检测3200份以上。与省农科院合作开展作物全基因组测序和组装,挖掘和克隆水稻等重要基因20余个,创制作物新材料40余份,为新品种研发提供原始创新基础。

(二)聚焦成果转化应用,构建"品种—产品"全链条延伸体系,营造公园城市农业产业化示范新场景

坚持以工业化思维抓种业发展,强化新品种规模化市场推广,推动新品种进基地、入工厂、上餐桌。引导"就地化"成果运用,与制种企业市场化对接,根据新品种的制种推广需求,建设国家级制种基地2.8万亩,省农科院、川农大等科研院所研发的川康优6107、川久香糯等新品种转让给四川丰大等园区企业,实现成果就地转化。推动"品牌化"价值提升,发挥已集聚的116家绿色食品加工企业的产

业链优势和品牌优势，大规模开展新品种市场化推广和原料深加工，金忠、春源、新太丰等肉类企业通过运用新品种、培育新品牌，其产品进入盒马鲜生、伊藤等大型商超，有效提升了农产品的附加值；荃银高科联合省农科院，定向研发推广酿酒专用粮新品种7个，优质酒出酒率提升5%~8%；积极加强与郎酒、泸州老窖等知名酒品牌的合作，全面提升邛酒价值和品位。

（三）聚焦产业融合发展，打造"种业—文旅"高品质科创空间，营造产业型公园城市示范新场景

重塑区域空间、创新联结机制、优化组织构架，形成"科研+转化""种业+观光"的产业场景空间。建设种业高品质科创空间，规划搭建省种质资源中心库、种业博览中心等种业科创空间，建设承担科技研发等功能的种业科创载体，全要素配套试验田、制种基地等科研设施，形成创新联动的产业发展新场景。建设科普研学示范基地，围绕"四川省种质资源中心库"和"种质资源圃"以及科普研学，配套资源种业科普信息多功能展厅、种业博览馆等，构建玻璃育种温室等资源串联的"全链条""全过程""全要素"博览研学环线，全景式展现种业科研成果，为园区开展场景化研学活动提供有力支撑。

三 建设成效

（一）为攻关种源"卡脖子"技术创新模式

探索形成种源保护利用—商业研发转化—规模生产推广的全产业链发展模式，填补了种源保护战略空白，实现了场景化营造、商业化育种、市场化推广、品牌化发展。目前，已集聚荃银生物、四川川种2家链主企业，吸引集聚安徽丰大及关联企业19家，吸引科研团队10个，培育出邛崃黑猪、邛崃黑茶等国家地理标志保护产品6个，国家级农业产业化龙头企业4家，农业龙头企业数居成都市首位，提

升了园区知名度和影响力。

（二）为打造公园城市空间开展积极探索

以天府现代种业园为核心，融入种业文化，以"种业+"新场景理念建成酷跑廊道、DNA绿道串联科创空间、主题公园、蔚崃林盘、种业基地，引入破土咖啡、生长餐厅、菁英公寓、蓝门小院等消费场景，成功举办首届天府国际种博会、中国鲜食玉米大会、"藏粮于技"院士讲堂等专业论坛（展会）21次，诠释了公园城市的乡村表达，形成公园形态与城市空间的融合布局。

（三）为践行绿水青山理念提供种源保障

四川省种质资源中心库项目建成后，已成为全国首个省级综合性种质资源库，强化种质资源保护与利用，推动生产方式绿色低碳转型，促进产业、人口及各要素合理流动和高效聚集。一方面，填补了四川无作物种质资源中心库的空白，从项目计划来看，将建设长期库、中期库、试管苗库、超低温库、DNA库，根据不同物种分区分类，实现资源长期保存，改变四川省现有的种质资源保存方式落后的现状。另一方面，针对四川省生态环境治理需求开展相关种质资源的选育研究，开展种质资源形态特征和抗逆特性的规范化鉴定评价，筛选发掘一批可用于地区生态治理的优异种质和关键基因，将有力推动大规模绿化全川行动，保护修复自然生态系统，挖掘释放生态产品价值。

四　经验总结

（一）建立管理体制机制是基础

创新天府种业园管理机构，成立产业园党工委、管委会，配齐配强领导班子；组建市政府主要负责人任指挥长的天府现代种业园开发建设指挥部，统筹管委会、职能部门等力量，高效推进园区公园城市场景营造、产业招引、机制创新等工作，形成了推动现代种业发展与公园城市建设的合力。坚持政府主导、市场主体、商业化逻辑，按照"片区开发、综合运营、自主平衡"思路，组建天府现代种业园开发建设有限公司，负责园区公园城市场景营造、投融资、项目建设及综合运营工作，确保"投、建、运、管、维"一体化运行。

（二）完善产业园服务机制是关键

突出产学研用协同，通过"科研人员＋市场资本""龙头企业＋国有公司＋科研人员"等模式，与四川农业大学、西南科技大学等院校专家团队建立创新研发中心。搭建创新孵化平台，引入成都科技服务集团、成都技转创新连线公司等专业运营机构与功能区运营商共同组建创新孵化公司，专责科创空间整体孵化运营。组建产业发展基金，探索"市场资本＋国有公司＋专业运营主体"模式，组建天府种业创投基金，为园区种业发展和公园城市建设提供资金保障。

（三）创新制定产业扶持政策是保障

在人才引进方面，出台蓉漂人才、邛州英才等政策；在产业发展方面，出台乡村振兴政策，重点支持科技研发、示范推广、企业招引等；在企业孵化方面，出台企业孵化扶持政策，成立专业孵化公司，组建种业孵化基金，促进科技型、创新型企业成长；在政府服务方面，大力优化营商环境，实行管家式服务、项目化管理、绿色通道、限时办结等，为企业提供高效政务服务。

（供稿单位：成都市邛崃市社科联）

参考文献

陈晨、王法辉、修春亮：《长春市商业网点空间分布与交通网络中心性关系研究》，《经济地理》2013年第10期。

陈占祥：《雅典宪章与马丘比丘宪章述评》，《国际城市规划》2009年第1期。

成都市发展和改革委员会：《成都市美丽宜居公园城市规划建设导则（试行）提出我市将建6种公园社区》，2020年1月。

成都市公园城市建设领导小组：《公园城市：城市建设新模式的理论探索》，四川人民出版社，2019。

成都市人民政府：《成都市国民经济和社会发展第十四个五年规划和二〇三五年远景目标纲要》，2022年5月。

《成都着力构建四大城市场景体系》，《成都日报》2022年4月18日。

《从"首提地"到"示范区"：公园城市有美景更有场景》，《成都日报》2022年4月21日。

邓鹏、李霖、陈功、李游：《基于用户情境的POI个性化推荐模型》，《测绘地理信息》2015年第3期。

窦璐：《城市生态公园服务场景研究：量表开发与作用机理》，《城市问题》2021年第2期。

高喆、顾朝林、顾江：《"新型城镇化"与"乡村振兴"场景下新基建对产业转型的启示》,《经济地理》2021年第4期。

郭晨、冯舒、汤沫熙、唐正宇、杨志鹏:《场景规划:助力城市群协同发展——以粤港澳大湾区为例》,《热带地理》2022年第2期。

郝黎仁:《SPSS实用统计分析》,中国水利水电出版社,2003。

康梦琦:《公园城市视角下产业社区的场景营造初探——以鹿溪智谷兴隆片区概念规划为例》,中国风景园林学会2020年会论文集(上册),2020年11月。

逯元堂、赵云皓、辛璐、卢静、徐志杰:《生态环境导向的开发(EOD)模式实施要义与实践探析》,《环境保护》2021年第14期。

罗勇:《EOD与公园城市构建》,《先锋》2019年第9期。

缪雪莹:《哈尔滨城市公园体系的研究》,东北林业大学硕士学位论文,2012。

宋秋明、黄建、武晓勇、刘怡、秦江:《绿色发展视野下的"实景—风景—场景"——生态场景理论与实践探索》,《城市建筑》2020年第36期。

宋绍繁:《成都市培育完善新经济应用场景的思考与建议》,《资源与人居环境》2022年第1期。

汤国安、杨昕:《ArcGIS地理信息系统空间分析实验教程》,科学出版社,2012。

田程晨:《轨道公交慢行三网融合 实现城市交通向绿色低碳转变》,《成都日报》2021年7月2日。

王晋朝、雷健:《营造6类公园场景构建低碳制度体系》,《四川日报》2021年8月13日。

王韬、朱一中、张倩茹:《场景理论视角下的广州市工业用地更新研究——以文化创意产业园为例》,《现代城市研究》2021年第8期。

王远飞:《空间数据分析方法》,科学出版社,2007。

王忠杰、吴岩、景泽宇：《公园化城，场景营城——"公园城市"建设模式的新思考》，《中国园林》2021年第1期。

王忠杰、吴岩、景泽宇：《公园化城，场景营城——"公园城市"建设模式的新思考》，《中国园林》2021年第1期。

《未来乡村社区生活圈：自然生态场景＆创新生产场景》，《上海城市规划》2021年第3期。

温雯、戴俊骋：《场景理论的范式转型及其中国实践》，《山东大学学报》（哲学社会科学版）2021年第1期。

吴军：《场景理论：利用文化因素推动城市发展研究的新视角》，《湖南社会科学》2017年第2期。

吴军：《城市社会学研究前沿：场景理论述评》，《社会学评论》2014年第2期。

吴军、特里·N.克拉克：《场景理论与城市公共政策——芝加哥学派城市研究最新动态》，《社会科学战线》2014年第1期。

吴军、夏建中、特里·克拉克：《场景理论与城市发展——芝加哥学派城市研究新理论范式》，《中国名城》2013年第12期。

吴军、叶裕民：《消费场景：一种城市发展的新动能》，《城市发展研究》2020年第11期。

吴军、营立成：《场景营城：新发展理念的城市表达》，《中国建设报》2021年11月22日。

吴康敏、张虹鸥、王洋、吴旗韬、叶玉瑶：《广州市多类型商业中心识别与空间模式》，《地理科学进展》2016年第8期。

吴岩、王忠杰、束晨阳、刘冬梅、郝钰：《"公园城市"的理念内涵和实践路径研究》，《中国园林》2018年第10期。

辛璐、赵云皓、卢静、王志凯、徐志杰：《生态导向开发（EOD）模式内涵特征初探》，载《2020中国环境科学学会科学技术年会论文集》（第一卷），2020年9月。

曾芙蓉、吴承照：《公园综合体空间结构构建策略——以新加坡为例》，《中国城市林业》2019年第3期。

曾九利、唐鹏、彭耕、何金海、杨潇、高菲：《成都规划建设公园城市的探索与实践》，《城市规划》2020年第8期。

张琳、王敏、俞波睿、王星：《现代田园城市公共服务设施规划创新》，《城市规划》2014年第6期。

张雪、张政：《场景理论视角下城市魅力空间构建研究——以成都公园城市为例》，载《面向高质量发展的空间治理——2021中国城市规划年会论文集》，2021年9月。

张宇、黄寰、李艳春、于惠洋：《以营造城市场景和产业政策创新探求新经济发展路径》，《中国发展观察》2021年第1期。

赵彦云、张波、周芳：《基于POI的北京市"15分钟社区生活圈"空间测度研究》，《调研世界》2018年第5期。

中共成都市委城乡社区发展治理委员会：《全文发布！成都市"十四五"城乡社区发展治理规划》，2022年5月。

《中共成都市委关于深入贯彻落实习近平总书记来川视察重要指示精神 加快建设美丽宜居公园城市的决定》，中国经济网，2018年7月。

钟文、李颖：《沙渠未来公园社区：以生态建设为导向推动公园场景与居民生活相适》，《成都日报》2022年3月29日。

朱强、俞孔坚、李迪华：《景观规划中的生态廊道宽度》，《生态学报》2005年第9期。

Wei F., Huang Z., "Physica Experience and Space-Time Imagery: Research on the Prototype of Landscape Design by Understanding Site, Sight, and Insight", *Landscape Architecture Frontiers* 8 (04), 2020: 26—41.

后 记

场景营城是城市发展建设遵循的基本原则之一。2022年，成都市人民政府正式提出要以场景营城助推美丽宜居公园城市建设，坚持以人民为中心，深入贯彻落实新发展理念，真正做到城市场景化、场景项目化，层层分级、步步递进。以场景为载体营造优美宜游生态环境体系，创建美好宜居的生活家园，打造人民宜业产业示范区，提升城市治理能力和建设水平，真正将公园城市建设任务落到实处。以"和谐共融"为主题，积极构建高质量发展营城新模式。

本书是公园城市系列年度发展报告的第三本，聚焦宜居生态、美好生活、智能生产、智慧治理四大城市场景体系，运用多种手段营造城市物质空间及社会、经济等方面的整体环境氛围。本书由中国社会科学院、中国城市经济学会公园城市专委会、成都市社会科学院组织编写，得到了成都市社会科学院成都研究院的资助和国家社科基金重大项目"长江上游生态大保护政策可持续性与机制构建研究"（批准号：20&ZD095）的支持。本书结合城市规划、生态经济、空间经济、社会治理等相关学科和理论对成都市公园城市建设中场景营造相关理论问题和实践问题进行了深入探讨，厘清了公园城市场景构造的理论内涵和外延，提出了构建规划引领、政府引导、市场配置、多方参与的公园城市建设新格局。以生态、生活、生产、城市治理四个维度，提出了宜居生态场景的营造策略和路径、美好生活场景体系的构建与发展路径、生产导向的产城融合场景营造模式与策略、成都公园城市治理革新的策略和路径。梳理总结了成都市公园城市示范区建设过程中生态、生活、生产场景营造的案例和经验，为公园城市的场景营造提供理论支撑与路径借鉴。

本书由中国社会科学院学部委员、中国城市经济学会公园城市专委会主任潘家华与成都市社会科学院院长姚凯担任主编，中国社会科学院生态文明研究所可持续发展经济学研究室副主任、成都市社会科学院同城化所所长廖茂林与成都市社会科学院科研处处长周灵担任执行主编，负责大纲设计、案例征选及统稿审稿工作。全书分为三个篇章，撰写分工如下：第一篇总论，第一章由中国社会科学院和厦门大学联合课题组承担，执笔人为孙传旺（厦门大学）、廖茂林（中国社会科学院）、王国峰（山西财经大学）、张耀丹（海南大学）、杨智奇（苏州大学）、张泽（中国社会科学院大学）；第二篇专题研究，第二章执笔人为周灵（成都市社会科学院）、唐艳（成都市社会科学院），第三章执笔人为林浩曦（北京建筑大学），第四章执笔人为杨智奇（苏州大学），第五章执笔人为马啸（中国社会科学院）、李曼琪（中国社会科学院）、李雨珊（中国社会科学院）；第三篇典型案例，材料由成都市青白江区社科联、金牛区社科联、彭州市社科联、金堂县社科联、温江区社科联、邛崃市社科联提供，张泽（中国社会科学院大学）负责稿件整理与排版。

本书在编写过程中，参考了国内外众多专家学者的研究成果，在此对参考文献的来源机构和作者表示诚挚的谢意；本书的编写还得到了成都市相关区（市）县和单位的大力支持与积极配合，在此深表谢意；此外，本书在完成过程中还得到了成都市社会科学院相关领导以及科研人员的指导、支持和帮助，在此一并表示感谢。

公园城市场景营造通过一个个场景的叠加与串联，把公园城市的宜居舒适性品质不断转化为人民群众可感可及的美好生活体验，不断增加人民群众的获得感和幸福感，进而转化为城市发展持久优势和竞争力。场景营造与创新为新经济发展蓄势聚能，其关注点正经历从"个体"到"群体"再向"城市整体"转变，以"成都人"为中心逐步扩散，场景正在渗透到城市经济社会发展的全方位各领域。受限于篇幅及水平，本书难免挂一漏万，敬请读者批评指正。

编　者
2022 年 8 月

图书在版编目(CIP)数据

公园城市发展报告.2022:和谐共融的场景营造/潘家华,姚凯主编;廖茂林,周灵执行主编.——北京:社会科学文献出版社,2022.10
ISBN 978-7-5228-0870-3

Ⅰ.①公… Ⅱ.①潘… ②姚… ③廖… ④周… Ⅲ.①城市建设—研究报告—中国—2022 Ⅳ.①F299.21

中国版本图书馆CIP数据核字(2022)第186032号

公园城市发展报告(2022)
——和谐共融的场景营造

主　　编 /	潘家华　姚　凯
执行主编 /	廖茂林　周　灵
出 版 人 /	王利民
组稿编辑 /	张雯鑫
责任编辑 /	张　超
责任印制 /	王京美
出　　版 /	社会科学文献出版社·皮书出版分社 (010) 59367127 地址:北京市北三环中路甲29号院华龙大厦 邮编:100029 网址:www.ssap.com.cn
发　　行 /	社会科学文献出版社 (010) 59367028
印　　装 /	三河市龙林印务有限公司
规　　格 /	开 本:787mm×1092mm　1/16 印 张:14.5　字 数:192千字
版　　次 /	2022年10月第1版　2022年10月第1次印刷
书　　号 /	ISBN 978-7-5228-0870-3
定　　价 /	128.00元

读者服务电话:4008918866

版权所有 翻印必究